치매에 걸리면 삶은 분명 불편해진다.
하지만 결코 불행해지는 것은 아니다.
치매에 걸렸어도 내가 어떻게 살아갈 것인지는
나 스스로 결정하고 만들 수 있다.

기억하지 못해도
여전히, 나는 나

기억하지 못해도
여전히, 나는 나

1판 1쇄 발행 2022년 3월 27일
1판 2쇄 발행 2023년 5월 15일

지은이 사토 마사히코
옮긴이 성기옥·유숙경

발행인 박주란
디자인 임현주

등록 2019년 7월 16일(제406-2019-000079호)
주소 경기도 파주시 문발로 197 1층 102호
연락처 070-8957-7076 / sowonbook@naver.com

ISBN 979-11-91573-12-1 03190

• 원서에서 일본의 화폐 단위 '엔円'으로 표기된 부분은 이해를 돕기 위해 우리나라의 화폐 단위 '원'
  으로 환산하여 표기하였습니다.

기억하지 못해도
여전히, 나는 나

사토 마사히코 지음
성기옥·유숙경 옮김

| 알츠하이머와 함께 살아가는 1인칭 안내서 |

세개의소원

처음 만나는 '친절한 알츠하이머 적응기'

정성우
인천광역치매센터 센터장
인천성모병원 의무원장

대한민국은 초고령사회 진입을 눈앞에 두고 있습니다. 그리고 이제 곧 치매 인구 백만 시대를 걱정하게 될 것입니다. 그리고 그중 10% 가량을 차지하는 초로기 치매 환자에 대한 사회적 문제의식도 큰 이슈가 될 것으로 예견됩니다. 그러므로 멈출 수 없는 고령화와 함께 늘어가는 치매 인구에 대해, 이제는 사회적 부담이라는 인식은 버리고, 자연스럽게 '공존' 하는 이웃으로 긍정하고, 함께 살아가는 방법을 찾는 것이 최선이라는 생각을 하게 됩니다.

오늘도 많은 중장년의 환자가 신경과 진료실의 문을 두드립니다. 대부분 뇌혈관과 여러 가지 신경계 질환을 가진 환자지만, 생각지도 못한 '치매'라는 진단을 받고 당혹스러워하는 모습을 마주할 때면 안타까운 마음이 들곤 합니다.

　인생의 어느 시기에도 치매를 편안하게 받아들일 수는 없을 것입니다. 하지만 환자의 나이가 젊을수록 당사자와 지켜보는 이들의 안타까움은 더 무거워집니다. 때로 '치매에 걸린다면 의사인 나는 잘 대처할 수 있을까?'하고 상상해보기도 합니다. 제 모습 역시 치매를 겪고 있는 당사자의 막막함과 크게 다르지 않을 것입니다.

　치매를 안고 살아가는 당사자의 이야기를 매우 사실적으로 보여주는, '친절한 알츠하이머 적응기'라고 할 수 있는 이 책은 여러 면에서 우리에게 새로운 세계를 열어줍니다. 시중에 나와 있는 치매 관련 책들이 대부분 전문가와 종사자, 가족 입장에서의 경험과 조언들로 채워져 있다면, 이 책은 초로기 치매 당사자가 다양한 일상의 상황들을 직면하며 온몸으로 경험하는 생생한 기록으로 채워져 있습니다. 사토 씨의 진솔함과 당당함에 이끌려 책장을 넘기다 보면 치매 당사자의 입장이 조금 더 가깝게 이해되어 고개가 끄덕여지고, 의사나 돕는 이들의 입장에서도 환자의 세상을 실체적으로 이해하는데 도움이 됩니다.

　사토 씨의 기록에서 알 수 있듯이, 스스로 치매가 아닐까 의심하는 순간부터 치매 진단을 받고, 받아들이고, 다시 안정적으로 살아가게 되기까지 치매 환자들은 급격한 인지 변화와 감정적 어려움을 마주하게 됩니다. 그렇기에 치매를 받아들이고, 새로운 삶의 의미를 찾고, 일상에 적응하여 스스로의 힘으로 살아갈 수 있기까지는 진단 전후의 모든 과정마다 치료적 도움과 수많은 일상의 장치들이 필요합니다. 치매의 진행을 늦추는 약물이 필요하기도 하고, 때로는 제도나 물건이, 때로는 도움을 주는 사람도 필요합니다.

사토 씨는 치매로부터 비롯되는 일상의 불편함을 소소한 장치를 통해 보완하고, 해결하는 과정을 다정하게 설명해줍니다.

치매에 적응해가는 과정이 생생하게 그려진 이 책을 통해 우리나라의 환자들도 여러 가지 힌트를 얻고 자신만의 해결방법을 찾아갈 수 있으면 좋겠습니다. 특히 2장에 소개된 '혼자서도 잘 지내기 위한 해결 방법'에는 치매 당사자라면 더욱 공감이 될 일상의 유용한 정보들이 잘 정리되어 있습니다. 예를 들면 컴퓨터를 배워 기억의 한계를 극복하고, 수면 시간과 건강 상태를 관리하기 위해 일어나자마자 휴대전화로 시계를 찍어 놓는다던가, 중요한 물건들을 모아두는 통을 마련하여 혼동을 줄이고, 사지 말아야 할 물건의 목록을 만들어 불필요하게 반복되는 지출을 줄인다는 조언은 매우 실용적입니다.

일상의 혼란은 최대한 줄여가고 편안함과 즐거움은 더해가는 그의 아이디어를 읽다 보면 치매에 걸려도 예전처럼 일상을 관리하며 잘 살아갈 수 있다는 희망을 발견하게 됩니다.

겪어본 사람만이 해줄 수 있는 마음가짐에 대한 조언도 인상적입니다.

"필요한 물건을 찾지 못할 때 기억해야 할 점이 있다. 찾으려는 물건이 보이지 않아도 초조해하지 않는 것이다. 그냥 포기하는 '결단력'도 필요하다. 언젠가 생각지도 못한 곳에서 나타날 수도 있으니 말이다."

"효율적으로 쇼핑을 하겠다는 생각을 버리는 것이 중요하다."

이와 같이 인지장애로 인한 불편함에 좌절만 할 것이 아니라 결단력 있게 포기하고, 생각을 버리면서 부정적 감정으로부터 자유로워지자는 발상의 전환은 감정적인 위로보다 훨씬 도움이 되는 조언이라 감탄하기도 했습니다.

치매 당사자에게 무엇보다 중요한 것은 사회로부터 고립되지 않고 관계를 맺으며 어울려 살아가는 것입니다. 사토 씨는 이 부분을 적극적으로 해결해 갑니다. 치매에 걸리면 동시에 여러 가지 일을 처리하지 못하게 됩니다. 그러니 사람들이 모이는 자리나 모임에서 대화가 힘들어지고, 자연스레 그런 자리를 피하게 되지요. 하지만 그는 여러 명이 모이는 만남에 가서 "두 사람이 한꺼번에 말하지 말아 달라"고 부탁하고, "다른 사람이 차례를 기다려 준다면 치매 환자도 대화를 즐길 수 있다"고 말합니다. 적극적인 그의 모습을 보며 치매가 없는 사람들과의 대화에서 소외되기 십상이었던 환자의 상황이 떠오르면서 우리가 놓치고 있었던 부분에 대해서도 다시 한번 생각하게 되었습니다.

환자들이 의료진과 돌봄 담당자에게 원하는 것은 병을 낫게 해주는 것도, 문제를 해결해주는 것도 아닌, '나의 문제를 함께 걱정해주는 의사가 곁에 있다는 안심' 이라는 대목에서는 진료실에서 환자를 마주하는 의사로서의 마음가짐도 다시 생각하게 되었습니다.

우리나라에서는 이제 막 지자체 차원에서 초로기 치매 환자를 위한 정책 지원이나 프로그램이 생겨나기 시작했습니다. 제가 몸담고 있는 인천광역치매센터의 초로기 치매 환자 전담 쉼터 운영이나 사회활동 지원사업, 경기도 시흥시의 초로기 치매 환자 일자리 사업을 대표적인 예로 소개할 수 있습니다. 전국에 256개의 치매안심센터가 치매 관리의 허브가 되어 최선을 다하고 있지만, 초로기 치매 환자를 위한 제도나 프로그램에는 아직도 아쉬운 점이 많습니다.

사토 씨와 용기 있는 당사자들이 일구어낸 치매워킹그룹이나, 당사자의 목소리를 담은 정책 제안을 보면서 치매국가책임제 이후, 우리 사회가 얼마나 당사자의 목소리를 담아내며 치매의 사회적 해법을 찾아가고 있는지도 성찰하게 됩니다. 치매에 대한 사회적 편견이 주는 불행에 맞서 자신만의 살아가는 방법을 찾아내고, 동료와 연대해 '치매에 걸렸지만 인생을 포기하지는 않는다'는 메시지를 전하는 사토 씨처럼 우리나라의 많은 치매 당사자가 용기를 얻고, 지금보다 더 행복해지겠다는 공동의 목소리를 낼 수 있기를 바랍니다.

황망한 표정으로 진료실을 나섰던 많은 환자들, 그리고 심각해지는 인지장애로 점점 불안감이 커져가는 분들에게도 이 책을 권하고 싶습니다. 용기와 함께 희망을 북돋우고 싶습니다.

치매가 있어도 괜찮은 삶은 괜찮다고, 막연한 두려움보다 매일의 일상을 위해 지금 할 수 있는 것을 시도해보자고, 취미를 즐기고 사람들과 어울려 활기차게 살아갈 수 있다는 증거가 되어준 사토 씨가 오래도록 기억에 남을 것입니다.

　우리는 모두 치매라는 병에서 자유로울 수 없습니다. 마지막으로 점점 치매라는 질병이 흔해지는 시대를 맞이하며, 우리 사회 곳곳에서 현실적 조언과 희망적 이야기가 더 많이 나누어질 수 있기를 응원하며, 뜻을 함께하겠습니다.

차례

처음 만나는 '친절한 알츠하이머 적응기' __005

프롤로그 __016

제1장 지나온 날들

나의 성장 과정 __021

과로로 인한 휴직 __024

이상의 시작 __028

진단, 그리고 퇴사 __033

흔들리는 삶 __038

혼란의 끝자락 __044

삶의 실마리를 찾아 __048

동지와의 만남 __054

삶의 의미 __057

제2장 스스로의 힘으로 살아가는 생활

나는 혼자서 살고 싶다 __065

일상을 살아가는 법 __070

일상의 불편을 해결하는 법 __075

_____ 어제 일도 기억나지 않을 때 __075

_____ 약속을 기억하지 못할 때 __079

_____ 약속 시간을 자꾸 놓쳐버릴 때 __082

_____ 수면 시간이 불규칙할 때 __083

_____ 소리에 민감할 때 __086

_____ 약 먹는 것을 잊어버릴 때 __086

_____ 물건을 자주 잃어버릴 때 __088

_____ 동시에 여러 가지 일을 하지 못할 때 __090

_____ 누군가와 만나서 이야기할 때 __094

_____ 외출할 때 __097

_____ 쇼핑할 때 __104

_____ 혼자서도 잘 지내기 위한 방법 __110

하루하루 즐거운 생활 __112

_____ 좋아하는 음악과 함께 __112

_____ 취미가 있는 일상 __114

_____ 세상에 도움이 된다는 기쁨 __ 118

안개 속에서 사는 느낌 __ 123

치매의 진행을 더디게 하는 몇 가지 방법 __ 129

제3장 당사자의 목소리를 내는 것

치매에 대한 편견을 없애다 __ 135

강연을 시작하다 __ 138

치매 당사자 여러분께 __ 143

크리스틴 브라이든 씨와의 대화 __ 147

치매 당사자의 고민과 희망 __ 150

치매 당사자 모임이 탄생하다 __ 153

치매 당사자 없는 정책을 반대한다 __ 157

치매워킹그룹을 발족하다 __ 162

제4장 내가 정말 하고 싶은 말

치매에 걸린 당신에게 __ 173

환자의 가족에게 __ 176

환자를 보는 의사에게 __ 179

의료진과 돌봄 담당자에게 __ 181

지역사회와 이웃에게 __ 183

정부에 __ 186

모든 사람에게 __ 188

에필로그 __ 191

치매와 함께 살아가는 '있는 그대로'의 이야기 __ 193

프롤로그

"치매입니다."

2005년 10월 27일, 나는 알츠하이머형 치매라는 진단을 받았다.

의사의 말을 듣고 머릿속이 새하얘진 나는 아무런 질문도 할 수 없었다.

그때 내 나이는 고작 쉰한 살이었다.

의사에게서는 더 이상 충분한 설명을 듣지 못하고 병원을 나섰다. 그 후로 나는 서점이나 도서관을 돌아다니며 치매에 관한 책을 닥치는 대로 찾아 읽고 공부하기 시작했다.

하지만 공부를 하면 할수록, 치매에 대한 지식이 늘어갈수록 점점 희망을 잃어갔다.

"치매에 걸리면 생각이란 걸 할 수 없게 된다."

"일상생활을 할 수 없다."

"머지않아 자기 자신이 누군지도 모르는 상태가 된다."

"의지도 감정도 모두 사라진다."

치매를 소개하는 책을 찾아보면 온통 이런 내용뿐이었다.

치매는 정말 세상 사람들이 말하는 것처럼, 원래의 내 모습이 모두 사라지는 무서운 병일까? 삶 전체가 암흑이 되어버리는 것, 그게 다일까?

지금에 와서야 내가 알게 된 것을 말하자면, 그렇지 않다. 치매에 걸려서 할 수 없는 일이 많아졌지만, 할 수 있는 일도 여전히 많다는 것이 진실이다.

치매 진단을 받은 지 9년이 지났지만 나는 지금도 혼자서 살아가고 있다.

비록 치매에 걸렸어도 나에게는 아직 많은 능력이 남아 있다.

우리 사회에 존재하는 치매에 대한 선입견, 잘못된 정보와 이야기들, 그리고 잘못된 시선들은 진단을 받은 본인이 경험도 하기 전에 스스로 '치매에 걸린 삶은 그런 끔찍한 것'이라고 믿게 만들어버린다.

치매에 걸렸어도 잘 살아보고자 하는 당사자의 에너지를 빼앗고, 살아갈 희망을 무너뜨리는 것은 바로 주변에 가득한 겹겹의 편견이다.

나는 치매를 안고 혼자 살아가는 당사자로서 이런 오해와 편견을 깨뜨리고 싶다.

할 수 있다.
할 수 없다.

이것만으로 인간을 설명하고 단정할 수는 없다.
'내가 나로서 존재한다'는 사실은 그 어떤 이유로도 사라지지 않는 것이니까.

치매에 걸리면 삶은 분명 불편해진다. 하지만 결코 불행해지는 것은 아니다. 치매에 걸렸어도 내가 어떻게 살아갈 것인지는 나 스스로 결정하고 만들 수 있다.

'치매에 걸렸지만 인생을 포기하지는 않는다.'

나는 이 마음으로 하루하루를 살아가고 있다.
지금부터 하는 나의 이야기가 치매에 걸린 모든 이에게 똑같이 해당한다고는 할 수 없다. 하지만 조금이라도 귀 기울이고 관심을 가져준다면 기쁠 것이다.

제1장
지나온 날들

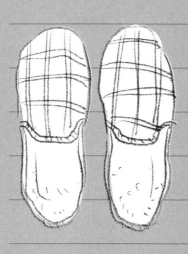

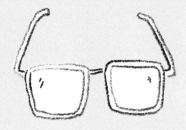

나의 성장 과정 _____

나는 1954년 지방의 작은 마을에서 여섯 남매 중 둘째 아들로 태어났다. 위에서부터 누나 두 명, 형, 누나, 나, 그리고 남동생 순이었다. 우리 집은 작게 농사를 짓고 있었고, 아버지는 경찰관으로 가까운 지역 파출소에서 근무하셨다.

초등학생 무렵부터 농사일을 자주 도왔고, 중학생 무렵에는 형제들과 함께 모내기나 벼 베기를 했던 추억만 있을 정도로 농사일이 많았다. 한번은 삼촌이 농사지은 귤을 가져다주셨는데, 별로 많지 않아서 "겨우 이것뿐이야?"라고 말했다가 아버지께 야단맞은 기억이 선명하다.

수학을 잘했던 나는 지역의 공업고등학교 전자과에 입학했다. 실습 시간에 흑백 TV를 조립하던 일, 학교 축제 때 당시에는 귀했던 TV 카메라에 내 모습이 찍혀 화면에 비치던 일이 지금도 기억난다.

고등학교를 졸업하면 곧바로 취직해서 사회생활을 시작할 생각이었는데, 2학년 때 아버지가 정년퇴직을 하시면서 그 퇴직금으로 대학에 진학할 수 있었다. 고등학교 3학년이 되어서야 부랴부랴 입시 공부를 시작한 나는 지방에 있는 메이조대학名城大学 이공학부에 합격해 1973년에 입학을 했다.

대학은 집에서 자전거, 전철, 버스를 갈아타고 편도 2시간 반이나 걸리는 곳에 있었다. 힘들었지만 4년 내내 집에서 통학을 했다. 대학교 1~2학년 때는 비싼 등록금이 아깝다는 생각에 들을 수 있는 과목은 모두 듣고 이수했다.

당시에 내가 입학한 수학과는 수업이 어려워서 유급 없이 졸업하는 학생이 10% 정도에 불과했지만, 나는 열심히 공부한 덕분에 4년 만에 졸업할 수 있었다. 세부 전공으로는 확률과정론을 공부했다.

대학 졸업 후에는 바로 중학교 수학 교사가 되었다. 하지만 일하다 보니 교직이 나와 맞지 않는다는 생각이 들어 약 1년 만에 그만두었다.

학원에서 아르바이트를 하면서 취직자리를 알아보던 중 신문의 구인란에서 대형 컴퓨터 보수 기술자를 모집한다는 기사를 발견하고 면접을 보러 갔다.

면접을 보던 인사 담당자는 내 이력서를 보더니 보수 기술자로 일하기에는 아깝다며 "프로그램 개발 요원으로 입사하면 어떻겠냐?"고 제안했다. 그리고 나는 그 회사에 취직을 했다.

드디어 안정된 직장을 구한 나는 1978년 5월, 스물네 살의 나이에 도쿄로 올라왔다.

그렇게 기숙사에 살면서 통근하는 생활이 시작되었다. 처음에는 수水처리과에 근무하며 전기회로를 설계했다.

그곳에서 한동안 근무한 후, 이번에는 다른 컴퓨터 회사로 이직해 시스템 엔지니어로 일했다.

시스템 엔지니어로 여러 가지 일을 했지만, 시즈오카현 시모다에 있는 건설 회사의 원가관리 시스템을 담당했을 때가 기억에 남는다. 더운 여름, 해수욕장으로 가는 여행객으로 가득한 오도리코 열차踊り子号(도쿄역에서 출발해 시즈오카 동부 휴양지인 이즈반도로 이동하는 열차_역주)를 타고, 우리는 항상 넥타이를 맨 채 회의를 하러 갔다. 담당자가 무척 친절했고, 매번 집으로 초대를 받았다. 그 회사 영업 담당자가 자신의 고향을 소개해준다고 해서 함께 자동차 여행을 가기도 했다.

서른두 살이 되던 1986년에는 사이타마현의 아파트를 구입해 이사를 했다. 133가구 규모의 새로 생긴 단지였는데, 아파트 관리조합 이사장을 뽑아야 한다고 분주했다. 의욕 있는 사람이 이사장으로 나서야 한다는 말을 듣고선 나도 입후보했다. 그 당시에는 회사 일도 순조로웠고, 매일 바쁘고 보람찬 시간이 흘러갔다.

과로로 인한 휴직

이사를 하고 이듬해인 1987년 11월에 건강이 나빠졌다. 이명이 들리기 시작한 것이다.

가까운 병원을 찾아갔더니 '돌발성 난청'이라고 했다. 의사는 나에게 "과로한 것 같다"고 했다.

그 당시 나는 본업인 시스템 엔지니어로 일하면서, 동시에 아파트 관리조합 일과 회사 노동조합의 임원 활동까지 하느라 무척 일이 많고 힘들었다.

의사의 처방으로 일주일 입원했다가 업무에 복귀했지만, 도저히 의욕이 생기지 않았다. 그래서 이번에는 심료내과(신체적 증상과 심리적 문제가 결합된 질환을 치료하는 일본의 진료 과목_역주)에 가봤지만, 병세는 점점 나빠지기만 했다. 흥분과 긴장 상태를 오가는 날들이 오랫동안 계속되더니 결국엔 혼자서는 생활하기가 어려울 지경에 이르렀다.

끝내 회사를 휴직하고 동생에게 이끌려 부모님이 계신 본가로 돌아가게 되었다. 고향의 병원에서는 '과로로 인한 신경쇠약'이라는 진단을 받았다.

그렇게 집에서 쉬면서 3개월 정도 지났을 무렵 "멀쩡한 젊은 놈이 빈둥거리고 있으면 안 된다"고 아버지가 말씀하셨다. 그 소리에 다시 돌아가기로 결정을 했다.

1988년 4월, 복직을 했더니 회사에서는 시스템 엔지니어로 일하기에는 아직 부담이 클 것 같다며 나를 사내 시스템 개발사업부로 배치했다. 그전보다 수월한 일이었지만 업무를 파악하는 머리가 잘 돌아가지 않는 느낌이었고, 주어진 일도 제대로 처리하지 못하는 경우가 많았다. 나는 다시 노동조합과의 상담을 통해 연말까지 휴직을 하게 되었다.

이듬해 1월에 두 번째 복직을 하고, 4월에는 다시 부서 이동이 있었다. 나는 자재과에 배치되었는데, 그곳에서 주어진 업무는 컴퓨터 입고와 출고 작업 등 단순한 일이었다.

단순한 일만 하는 부서로 발령받자 나는 더욱 일에 대한 의욕을 잃어버렸다. 출세와도 멀어지고 이즈음부터 '나는 무엇을 위해 살고 있지?' 하는 삶의 목적에 대해 진지하게 생각하게 되었다.

여행을 좋아하던 나는 영어를 배워서 해외여행을 가야겠다는 생각에 영어 학원에도 다녀봤지만, 만족보다는 아쉬움을 더 느꼈다.

1996년 3월, 자원봉사자들과 함께 태국을 방문했다.

그러던 중 '함께《성경》공부하시겠습니까?'라는 문구가 적힌
전단지가 눈에 들어왔고, 교회에 나가게 되었다. 삶의 목적을 찾
던 나는 1994년 4월 부활절에 세례를 받고 크리스천이 되었다.

그 후 민간 원조단체를 통해 세계의 빈곤 아동을 지원하는 자
원봉사 활동도 시작했고, 1996년 3월에는 지원하는 아동을 만나
러 동료들과 태국을 방문하기도 했다.

회사 일에는 여전히 의욕이 없었고, 계속 삶에 대한 고민이 많
았지만 자원봉사 활동에 열심히 참여하면서 다른 방향에서의 보
람을 조금씩 찾아가는 생활이 이어졌다.

이상의 시작

내 안에 이상이 있다는 것을 자각한 것은 마흔다섯 살 때였다.

1999년 어느 날부터인가 부서 회의록을 작성하는 게 어렵게 느껴지기 시작했다.

회의에서 이야기하는 내용은 알겠는데, 요점을 정리할 수가 없었다. 그리고 이즈음부터 나는 두 가지 일을 동시에 하지 못했다.

당시 내가 하던 업무는 상품 발주 정보를 컴퓨터에 입력하면서 1시간 간격으로 창고에 주문서를 보내는 일이었는데, 제시간에 팩스를 보내지 못했다.

아무래도 뭔가 이상하다는 생각이 들었다. 그래서 1999년 3월, 회사에는 "몸이 좋지 않다"는 정도로 말하고 정신과 병원에서 머리 MRI자기 공명 영상 검사를 받았다. 하지만 이때의 검사 결과는 '이상 없음'이었다.

검사 결과도 특별한 것이 없었고, 나는 그저 너무 피곤해서 그러는 거라고 생각할 따름이었다.

2000년이 되자 컴퓨터에 입력해야 하는 정보를 단기적으로 기억하는 게 어려워졌다. 단순한 정보를 입력하는 업무를 하는데도 시간이 걸렸다. 한 글자 한 글자 보지 않으면 컴퓨터에 입력할 수가 없었다.

전표를 이중으로 입력하는 실수도 눈에 띄게 많아졌다. 외상 매입금 계산 업무에서도 자주 오류가 생겼다. 그 후로 계속해서 일의 능률이 떨어졌다.

나는 정신적으로 너무나 지쳐버렸다. 결산 시기가 되어 회사 전체가 바빴던 3월, 나는 결국 두 손을 들고 말았다. 잠시 쉬는 게 낫겠다는 판단에 4월부터 다시 휴직에 들어갔다.

내가 왜 이런 상태가 되었는지 이때까지도 알지 못했다. 병원에 가서 검사를 받아도 역시 알 수 없었다. 여러 병원의 여러 진료과에 가봤지만 의사들도 '우울증'이나 '만성피로증후군' 같은 것이라고 말하곤 했다.

치매라는 이름이 '인지증'이라는 공식 용어로 바뀐 것이 2004년이므로 그 당시에는 '인지증認知症'(치매癡呆라는 한자가 '어리석다'는 의미를 담고 있어서 치매에 대한 부정적 인식을 줄이고자 일본, 홍콩, 대만에서는 각각 '인지증' '뇌퇴화증' '실지증'을 공식적인 용어로 사용한다_역주)이라는 말도 없었고 사람들에게 알려진 병도 아니었다.

게다가 40대의 젊은 나이에 설마 내가 치매에 걸렸으리라고는

29

상상조차 할 수 없었다.

아직 일상생활에 지장은 없었지만 불안감은 점점 커져갔다. 힘 있는 노동조합 덕분에 급여를 일부 받을 수 있어서 휴직 기간에도 생계는 그럭저럭 꾸려나갈 수 있었다.

이번 휴직 기간에는 부모님이 계신 본가에 돌아가지 않았다. 평소처럼 내 집에서 지내며 가끔 자원봉사 활동을 하는 등 편하게 쉬면서 시간을 보냈다.

그렇게 2000년 4월부터 2002년 7월까지 약 2년 동안 휴직이 이어졌다.

솔직히 이즈음의 일은 잘 기억나지 않는다.

2002년 8월에 다시 회사로 돌아갔는데, 회사에서는 이제 사무직은 힘들 것이라 판단했는지 나를 배송 부서에 배치했다. 배송 기사와 함께 차를 타고 다니며 컴퓨터, 프린터, 전화기 등을 고객에게 납품하는 일이었다. 이 일은 그럭저럭 감당할 수 있었다.

그로부터 반년 정도 지난 2003년 3월에 민간 원조단체를 통해 지원하고 있던 해외의 아동을 만나러 방글라데시에 가게 되었다. 그리고 이때, 경유지였던 태국 국제공항에서 나는 길을 잃고 말았다.

우연히 일행과 다시 만나 별일은 없었지만 아마도 이때부터

기억하지 못해도 여전히, 나는 나

아무래도 뭔가 이상하다는 생각이 들었다.

하지만 검사 결과도 특별한 것이 없었고,

나는 그저 너무 피곤해서 그러는 거라고 생각할 따름이었다.

이미 공간 인지능력에 장애가 생겼던 것 같다. 그러나 당시에는 낯선 곳이라서 헤맸을 거라고 생각하고 말았다.

진단, 그리고 퇴사

2005년, 결정적으로 나에게 이상한 증상이 나타나기 시작했다. 그때 내 나이는 쉰한 살이었다.

2004년부터 배송지를 찾는 데 시간이 걸리거나, 회사로 돌아오는 길을 헤매는 일이 잦아지고 있었다. 또 배송을 하고 나서도 지정된 장소에 틀림없이 전달했는지 기억이 나지 않아 걱정하는 일도 잦았다.

2005년 9월이 되자 배송지에서 차를 세워둔 곳으로 돌아오는 데 걸리는 시간이 길어졌다.

도청으로 납품을 갔다 돌아오는 길에는 출구가 기억나지 않아서 30분이나 계속 차를 찾아 헤매기도 했다. 배송 후 손수레를 가지고 나오는 걸 자주 잊어버렸고, 그러다 보니 '손수레를 두고 왔나?' 하며 늘 불안해했으며, 결국에는 '상품을 제대로 전달했다'는 자신감도 사라져버렸다.

두렵고 걱정되는 마음에 전에 MRI를 찍었던 곳이 아닌 다른 정신과에 찾아가 진료를 받으며 나에게 일어나는 일들에 대해 상담했다. 의사는 뇌 CT컴퓨터 단층촬영를 찍자고 했다.

그리고 CT 검사 결과를 들으러 간 날, 의사는 나에게 느닷없는 진단을 내렸다.

"뇌 위축이 보입니다. 치매입니다."

10월 27일의 일이었다.

의사가 치매라고 말한 그 순간, 나는 머릿속이 새하얘져서 아무 생각도 할 수 없었다. 전혀 예상하지 못한 진단 결과에 엄청난 충격이 밀려왔다. 의사가 나를 차갑게 내치는 것 같은 절망을 느꼈다.

돌이켜보면 그 무렵 직장에서의 인간관계도 힘들어지고 있었다. 아무튼 그때의 나는 모든 게 너무 피곤했다.

인생은 짧다. 이런 상태로 회사에 다니며 시간을 보낼 수는 없다는 생각이 들었다. 지금부터라도 내가 좋아하는 일을 하면서 살고 싶다는 마음이 커졌다.

다음 날 출근하자마자 회사에 사표를 냈다. 퇴사 이유는 "치매 진단을 받았고, 더는 일할 기운이 없기 때문"이라고 적었다. 이야기를 들은 회사에서도 장애 수당을 받으면 어떻게든 생활은 할 수 있을 거라고, 무리해서 일하는 것보다는 그쪽이 나을 거라고

기억하지 못해도 여전히, 나는 나

나는 치매에 대해, 그리고 앞으로 나에게 일어날 일에 대해 알고 싶었다.

아니 알아야 했다.

하지만 책에 적힌 내용은 치매 진단을 받은 당사자를 위한 것이라기보다는

환자를 돌보는 가족이나 의료진·돌봄 전문가를 위한 것뿐이었다.

나를 위한 책은 어디에도 없었다.

배려해주었다. 치매에 걸렸다고 하니, 역시 업무를 맡기기에는 어렵다고 생각한 것 같다.

나도 이대로 만신창이가 될 때까지 일만 하다가 몸져눕고 싶지는 않았다. 회사의 짐이 되기도 싫었다. 일찌감치 물러나는 편이 나았다.

회사와 상의한 결과, 우선 3개월 병가를 쓰기로 했다.

다시 휴가에 들어간 나는 치매에 대해, 그리고 앞으로 나에게 일어날 일에 대해 알고 싶었다. 아니 알아야 했다. 책을 찾아 사보기도 하고, 도서관에서 대출해가며 닥치는 대로 자료를 구해서 읽었다.

하지만 책에 적힌 내용은 치매 진단을 받은 당사자를 위한 것이라기보다는 환자를 돌보는 가족이나 의료진·돌봄 전문가를 위한 것뿐이었다. 나를 위한 책은 어디에도 없었다.

"대부분 6년에서 10년 정도가 지나면 하나부터 열까지 전부 돌봐줘야 하는 상태가 된다"는 설명을 보고는 다시 한번 큰 충격을 받았다. 자료를 찾을수록, 책을 읽으면 읽을수록 살아갈 자신이 없어졌다.

이제 일을 계속할 수 없다는 생각은 확실해졌다. '아직 현역으로 한창 일할 나이인 내가 왜……' 하는 마음에 모든 게 원망스럽

기억하지 못해도 여전히, 나는 나

기도 했지만, 그래도 일만 하다가 인생을 끝내고 싶지 않았다.

병가 기간이 끝난 2006년 2월 8일, 나는 25년 동안 근무한 회사를 퇴사했다.

흔들리는 삶

퇴직을 하고 한동안은 그간 계속해오던 교회 예배와 자원봉사 활동을 다니거나 책을 읽으며 하루하루를 보냈다.

그러나 '이제 어떻게 하면 좋을까······' 하고 앞날을 생각하기 시작하면 눈앞이 깜깜해지고, 불안이 불안을 불러와 점점 우울해졌다.

치매에 걸리면 기억에 장애가 생긴다는 글을 읽고는 매일 내 행동을 노트에 기록하기로 했지만, 메모를 하려 해도 어려운 글자는 쓸 수가 없었다.

심할 때는 메모 자체를 할 수가 없었다. 엉망으로 글씨를 써놔서 나중에 보면 뭐라고 읽어야 할지 모르는 일도 많았다. 애초에 메모를 할 수첩을 잃어버리는 일이 다반사였다.

그래서 노트에 적는 대신 내가 평생 다루어온 컴퓨터로 일기를 쓰기 시작했다.

어느 날은 은행에 통장정리를 하러 갔더니 인출한 기억이 없

기억하지 못해도 여전히, 나는 나

는 금액이 빠져나가 있어서 깜짝 놀랐다. 서둘러 일기를 찾아보니 지갑을 깜빡 잊었다거나 오전에 뭘 했는지 기억나지 않는다는 기록만 적혀 있었다.

당시의 일기 일부를 여기에 소개해본다.

2006. 3. 13.

은행에 통장을 정리하러 가보니, 3월 6일에 30만 원을 인출했다는데 전혀 기억나지 않는다.

2006. 3. 14.

라디오 영어 회화 교재의 문장을 전혀 외울 수 없었다.

2006. 3. 16.

오후 1시까지 머리가 지끈지끈 아팠다.

2006. 3. 26.

빨간색 신호인데도, 보지 않고 길을 건너려고 했다.

2006. 3. 27.

아직 책을 읽을 기력이 남아 있어서 감사하다.

2006. 3. 30.

'채소'를 한자로 쓸 수 없었다.

2006. 3. 31.

컴퓨터로 일기를 쓰고 있는 동안은 괜찮지만, 입력할 기운이 떨어졌을 때는 조심해야 한다.

2006. 4. 2.

식당에서 생선구이 정식을 먹었는데 음악이 시끄럽게 느껴졌다.

2006. 4. 7.

자필로 유언장을 작성했다.

2006. 5. 2.

오후 8시쯤 심한 이명이 있었다.

2006. 5. 31.

저녁으로 먹을 도시락을 샀는데, 깜빡하고 또 저녁 식사 재료를 사러 갔다.

기억하지 못해도 여전히, 나는 나

2006. 6. 4.

12년 동안 친하게 지내온 교회 사람 A 씨와 B 씨의 이름이 얼른 생각나지 않아 부르지 못했다.

2006. 6. 5.

요양보호사 C 씨에게 임의 후견 계약(치매 등으로 판단 능력이 저하되는 경우, 자신의 후견인이 되어줄 것을 위임하는 계약이다_역주)에 대해 상담했다.

2006. 6. 6.

책상 위가 뒤죽박죽이다, 정리가 안 되고 의욕도 없다.

매일 이런 식이었다.

2006년 4월에 본가에 계시던 아버지가 돌아가신 후에는 앞날이 더욱 불안하게 느껴졌다.

아버지가 돌아가시고 형이 본가 살림을 물려받았다. 그런 형에게 나까지 보살펴달라고 하기에는 마음이 너무 불편했다. 다행히 동생이 "만약 형에게 일이 생기면 내가 돌봐줄게" 하며 나서주었다. 덕분에 나는 계속 혼자 살면서 성년 후견 제도를 공부하기 시작했다.

사토 마사히코 촬영.

그러나 일상을 보내는 데 필요한 일에서 사소한 실수나 신체적 위화감이 하루가 다르게 찾아왔다. 그중에서도 내가 가장 두려운 것은 화재火災였다.

'식사를 준비하느라 가스 불을 켜고 있다가 전화를 받았는데, 통화하는 사이에 프라이팬에 불이 붙어버렸다. 놀라서 밖으로 뛰어나갔지만 아파트는 이미 불바다가 되었다'는 식의 악몽이 계속되었다.

점점 나 자신을 통제할 수 있다는 자신감이 사라지고 있었다.

혼란의 끝자락 ─────────────────────────

퇴사하고 4개월이 지난 2006년 6월, 일기를 쓰던 컴퓨터가 갑자기 고장이 났다. 수리하는 방법이 전혀 생각나지 않아 패닉 상태에 빠진 나는 디스크를 든 채 병원으로 달려갔다.

"혼자 사는 젊은 남자는 방문요양 서비스를 이용할 수 없습니다. 그룹홈(노인성 질환을 앓는 노인이 일반 가정과 같은 환경에서 생활하며 보호받는 소규모 시설이다_역주) 입소 등을 고려해 대책을 생각해보겠습니다. 그리고 다음부터는 동생분과 꼭 같이 오세요."

의사의 이 한마디에 나는 크게 좌절했다.

의사는 어려울 거라고 했지만 나는 앞으로도 지금처럼 혼자 살고 싶었다. 의사의 말과 달리 실제로는 방문요양 서비스도 이용할 수 있었다. 하지만 이때는 나도 알고 있는 정보가 별로 없었기에 시설에 들어갈지, 계속 혼자 살 것인지에 대해 깊은 고민을 시작했다.

그때의 나는 '시설은 대부분 관리자가 편한 방식으로 운영한다'고 생각했다. 또 초로기 치매(65세 이전에 발병하는 치매로, 기억력 저하와 함께 일상생활을 혼자 수행하기 어려운 상태를 말한다_역주)인 사람을 받아주는 시설도 적었다. 설령 있다고 한들 대부분의 입소자는 노인뿐이라서 동년배가 없는 나는 더욱 고립될 것만 같았다.

계속 고민을 해봐도 답을 찾지 못하는 날들이 이어졌다. 번민의 고통에 지쳐버린 나는 결국 일주일이나 앓아눕고 말았다.

그야말로 나는 최악의 상태였다. 식사도 거르고, 이제 뭐가 뭔지 나도 알 수가 없었다.

걱정스러운 마음에 나를 보러 왔던 동생 손에 이끌려 잠깐 본가로 돌아가 쉬기로 했다.

본가에서는 온종일 잠에 빠진 날들이 계속되었다.

겨우겨우 눈을 뜨면 이번에는 잠들지 못해서 밤새 이런저런 생각을 계속하다 아침을 맞곤 했다.

마침 장마철이라 비가 오는 날이 많다 보니 기분 전환을 위해 잠시 산책을 하는 것도 어려웠다.

창문을 두드리는 빗소리를 듣고 있으면 미칠 것 같았다. 그렇게 시간이 흘러가던 어느날, 나는 하나님께 기도했다.

사랑하는 하늘의 아버지.

저는 지금 미칠 것 같습니다.

제발 제정신으로 돌아가게 해주세요.

다만 지금 이 정신의 혼란이 당신 뜻이라면 따르겠습니다.

모든 것을 하나님께 맡기겠습니다.

아멘.

기도를 하고 나니 마음이 다시 평온해져서 잠들 수 있었다.

이때 나는 크리스천이 되어 다행이라고 생각했다.

본가에서 형님댁 식구들의 보살핌을 받는 생활은 50일 동안 이어졌다.

그동안 하루도 빠짐없이 앞으로의 내 삶에 대해 생각했다.

어느 날 《구약성경》의 한 구절이 떠올랐다.

네가 내 눈에 보배롭고 존귀하며,

내가 너를 사랑하였은즉.

_이사야 43장 4절

나는 나, 치매에 걸려도 아무것도 변하지 않는다.

지금 살아 있다는 것은 눈에 보이지 않는 큰 사랑이 나를 지키고 있다는 것.

　이 구절을 통해 나는 나 자신을 되찾고, 마침내 지옥의 나날에서 벗어났다.

삶의 실마리를 찾아 _____

조금씩 안정을 되찾고 나니 역시 내가 살던 아파트로 돌아가 혼자 살아야겠다는 생각이 들었다.

본가에서는 할 일도 마땅치 않고, 모든 게 멀리 있는 시골이라 차를 운전하지 않으면 물건을 사러 나갈 수도 없었다. 내 집이 아니고서는 내 의지대로 생활할 수가 없었다. 그리고 교회 예배나 자원봉사 활동에도 나가고 싶었다.

2006년 여름의 절정에 나는 오랜만에 내 아파트로 돌아왔다.

지금까지와 마찬가지로 가능하다면 계속해서 혼자 살고 싶었다. 그러기 위해 나는 생활하면서 불편한 점을 하나하나 구체적으로 메모하고, 나름대로 궁리하며 방법을 찾아나갔다. 자세한 내용은 제2장에 소개했다.

또 내 컨디션을 조절하고, 하루하루 여유로운 마음으로 지내기 위해서 집 안에 틀어박혀 있지 않으려 노력했다. 매일 아침 산책을 하거나 내가 할 수 있는 즐길 거리를 찾아 외출을 했다.

이때쯤부터 다양한 지원단체도 만나게 되었고, 적극적으로 찾아다니며 치매에 대한 많은 정보를 얻을 수 있었다.

초로기 치매 가족모임 「호시노카이」(彩星の会의 일본어 이름을 그대로 옮겼다_역주)는 내가 처음 알게 된 민간 지원단체였다.

홋카이도의 지자체장을 지낸 이치노 세키카이지 씨의 책《기억이 사라져간다_알츠하이머병 환자 본인이 말하다》후타미쇼보, 2005년를 읽다가 우연히 발견한 단체였다. 곧장 회원 가입을 하고 정기 모임에 참석했다.

모임에서는 숨길 것도 없이 자유롭게 나의 이야기를 나눌 수 있었다. 그리고 여기에서 얻는 정보는 정말 유용한 것들이었다.

50대도 노인장기요양보험을 이용할 수 있다는 사실을 알게 되었고, 나는 곧바로 신청해서 요양등급판정을 받았다. 그리고 방문요양 서비스로 주 2회 식사 준비와 가사 지원을 요청할 수 있었다.

성년 후견 제도, 장애 연금, 지역포괄지원센터(사회복지와 보건 분야의 전문가를 배치하고 의료, 법률 등 다른 분야와 협력해 지역 주민의 보건·의료·복지 향상을 지원하는 기관이다_역주) 등에 관해서도 초로기 치매 가족모임에서 배웠다.

호시노카이 회원들과 함께.

그리고 또 하나의 중요한 만남이 있었다.

2007년 2월, 나는 도쿄에서 열린 〈도쿄 그룹홈연락회〉 심포지엄에 참가했다.

이때까지 치매 관련 모임에 몇 번 참석한 적이 있었지만 모두 치매 당사자보다는 가족을 향해 이야기하는 느낌이었고, 당사자인 나로서는 좀 아쉬운, 왠지 모르게 소극적 분위기의 모임이 많았다.

그런데 이 심포지엄에서는 '치매 환자도 사람이다. 사람이 사람답게 살 수 있게 도와야 한다'는 취지의 발표와 제안이 등장했다. 이런 분위기를 느끼자 '나도 뭔가 하고 싶다. 내가 할 수 있는 일이 있지 않을까?' 하는 용기가 샘솟았다.

모임이 끝나고 회의장을 나설 때 용기를 내어 심포지엄의 발표자 중 한 명이었던 나가타 구미코 씨치매개호연구·연수 도쿄센터에게 말을 걸어보았다.

"저는 치매에 걸렸는데요, 혼자 살고 있습니다. 치매이기는 해도 할 수 있는 일이 많이 있습니다. 치매에 걸려도 살기 좋은 세상을 함께 만들어보지 않으시겠어요?"

나가타 씨는 이런 나의 제안을 크게 반겨주었다. 그리고 그날 우리는 많은 이야기를 나누었다. 그러던 중 내가 컴퓨터 다루는 데는 자신이 있어서 계속 기록을 남기고 있으며, 외출을 하고 싶지만 낯선 곳에는 혼자 가기가 정말 어렵다는 이야기를 했더니 나가타 씨가 대뜸 "휴대전화를 활용해보면 어떠냐?"고 말했다. 그리고 휴대전화를 활용할 수 있도록 도와줄 친구를 곧바로 소개해주었다.

나는 그때까지 휴대전화를 활용하지 않고 있었지만 도움이 된다는 말에 얼른 내가 사용할 수 있는 기종을 찾아, 조작법을 배워보기로 했다.

내비게이션 기능, 문자 보내는 방법, 사진 찍는 방법 등을 하나하나 익혀나갔다. 치매에 걸린 나였지만 아직 배우는 것은 가능했다.

휴대전화로 촬영하는 것은 재미있기도 했고, 나중에는 하루하루의 기록을 남기는 데도 무척 도움이 되었다.

이렇게 조금씩이나마 이야기를 나누고 상담할 수 있는 사람들을 만나면서 나는 점점 긍정적으로 살아야겠다고 생각하기 시작했다.

그동안은 할 수 없게 된 일만 적다 보니 일기를 쓰면서 마음이 점점 무거워지기만 했다. 하지만 이제 아직도 할 수 있는 일, 즐거웠던 일도 일기에 쓰기 시작했다.

"저는 치매에 걸렸는데요, 혼자 살고 있습니다.

치매이기는 해도 할 수 있는 일이 많이 있습니다.

치매에 걸려도 살기 좋은 세상을 함께 만들어보지 않으시겠어요?"

동지와의 만남

2007년 7월에 도야마현에서 전국의 치매 당사자들이 모이는 행사가 있다고 해서 나도 참가했다. 전국에서 모인 사람들과 그 지역의 맛있는 요리를 먹으면서 각자의 상황이나 앞날에 대해 밤이 깊도록 이야기를 나누었다.

돌봐주는 가족이나 의료·돌봄 전문가들과 이야기할 기회는 있었어도 치매에 걸린 당사자들을 만나 차분히 이야기 나눌 기회가 없었는데, 이 모임에서 동료들을 만나면서 나는 크게 한 걸음 나아간 기분이었다.

집으로 돌아오는 길에는 나와 함께 가준 사람들과 근처 관광지에 들르기도 하고, 울창한 여름 산을 바라보면서 기차 여행의 즐거움도 만끽했다.

함께해주는 누군가가 있다면 여전히 이렇게 즐겁게 살아갈 수 있겠다는 자신감이 생겼다. 앞으로의 날들에 대한 기대가 커진 여행이었다.

같은 해 10월에는 가고시마에서 〈치매 당사자 교류회〉가 열렸

기억하지 못해도 여전히, 나는 나

느데 언론에도 공개되는 모임이었다. 나는 내 이름과 얼굴이 노출되는 것을 허락하고 적극적으로 모임에 참석했다.

당시에는 치매에 걸린 자신의 실명과 얼굴을 노출하도록 허락하는 사람이 별로 없었다. 하지만 나로서는 자연스러운 일이었다. '치매라는 것은 전혀 부끄러운 일이 아니다. 숨길 일도 아니다. 당당하면 된다'는 마음이었다.

그날은 교류에 그치지 않고, 지역과 사회에 치매 당사자에 대한 이해와 지원을 어떻게 확산시켜나갈 것인지도 논의한다기에 어떤 말을 해야 할지, 하고 싶은 말을 나름대로 생각해 종이에 미리 적어서 가기도 했다.

아주 나이가 많은 치매 당사자분이 컴퓨터 교실에 다니고 있다는 이야기에 깊은 감명을 받았다.

그곳에서 만난 동료들과 나는 '긍정적으로 살아가려는 사람들을 만나고, 각자의 경험이나 의견을 세상에 많이 알리고 싶다'는 이야기를 나누었다.

모임에서 알게 된 치매 당사자와 그 가족과는 전화번호와 이메일을 교환하고 계속 연락을 주고받았다.

함께 있으면 혼자가 아니라는 생각이 들어 힘이 생긴다. 우울했던 마음을 거두고 기운을 차리게 된다. 나와 같은 고민을 하는, 나에게는 둘도 없는 동지들이 생겼다.

모임에서 만난 동료와는 메일 주소를 교환하고 연락한다.

삶의 의미

치매 진단을 받고 나서 가미야 미에코 씨의 《삶의 보람에 대해》
필로소픽, 2011년를 읽고 또 읽었다.

이전에도 읽은 책이었지만 내가 치매에 걸리고 나서 다시 읽
었더니 진심으로 마음에 와닿는 부분이 많아 정신없이 밑줄을 그
었다. 나는 삶의 의미가 희미해질 때 이 책을 다시 읽는다.

단지 지식을 얻으려고 책을 읽는 것과 앞으로 살아가는 법을
찾기 위해 책을 읽는 것은 이해의 깊이가 다르다.

친구를 만나는 과정을 생각하면 똑같다. 일상에서 만나 조금씩
점점 친해지는 친구와 내가 정말 곤란한 상황에서 매달리듯 만나
도움을 받은 친구의 관계는 다를 수밖에.

삶의 의미를 찾아야 하는 절실한 마음으로 읽는 책에서는 반
드시 힌트를 얻게 된다.

나는 이 책에서 '한센병'이라고 적힌 부분을 '치매'라고 바꿔서
읽는다. 그러면 깨닫게 되는 것이 있다.

잃어버린 것들에 대해 고민하고 슬퍼하는 대신

앞으로 할 수 있는 일을 열심히 하는 것, 그것만이 살아갈 방법이다.

내가 좋아하는 구절이 있다.

인간의 존재 의의는 그 이용 가치나 유용성에서 오는 것이 아니다. 들판에 피는 꽃처럼 '그저' 존재하는 사람도 큰 차원에서 보면 틀림없이 존재의 이유가 있다. 자신의 통찰로 스스로의 존재 의미를 느끼지 못하는 사람, 타인의 안목으로도 인정받지 못하는 사람일지라도 우리와 마찬가지 삶을 부여받은 형제자매이다. 만약 그들의 존재 의의를 문제 삼는다면 먼저 나 자신, 그리고 인류 전체의 존재 의의를 물어야 할 것이다.

이렇게 생각하면 할 수 있는 일이 하나도 없다고 해도 괜찮다. 당신은 무언가를 할 수 있어서 가치 있는 게 아니고, 그저 거기 있는 것만으로 귀한 존재이다.

나는 치매에 걸리고 나서 외모에 부끄러움이 없어졌다. 외모에 신경 쓰다 보면 너무 피곤해진다. 그래서 이제는 내가 내키는 것만 하기로 했다. 그렇게 살아간다.

돈도 별로 없고 허세 부리며 겉치레하고 꾸밀 필요도 없다. 남 보기에 누추하지 않을 정도면 된다.

나를 일으켜 세워준 것은 일종의 체념이다. '이제는 어쩔 수가 없구나. 낫지 않겠구나' 하는 체념 말이다. 그러니까 있는 힘껏

한번 해보는 거다.

물론 항상 그렇게 생각하는 건 아니다. 어느 순간 '살아 있는 것만으로도 행복하다'고 느끼다가도 다음 순간에는 허무함으로 가득찬 심정이 되기도 한다. 감정의 기복은 나도 어쩔 수 없다. 그래도 살아 있다는 데 감사하며 열심히 산다. 잃어버린 것들에 대해 고민하고 슬퍼하는 대신 앞으로 할 수 있는 일을 열심히 하는 것, 그것만이 살아갈 방법이다.

치매에 걸려 할 수 없는 일은 할 수 없다고 받아들이고, 다른 사람의 손을 빌리면 된다. 할 수 있는 것은 최대한 유지하도록 노력한다.

체념이지만 그것이 하나의 희망이기도 하다.

가미야 씨는 삶의 의미를 이렇게 표현하기도 했다.

삶의 의미를 잃어버리는 고통을 겪은 사람은 모두가 평화롭게 사는 현실 세계 밖으로 적어도 한 번쯤은 밀려나본 사람이다. 허무와 죽음의 세계에서 인생과 자기 자신을 조망해본 적이 있는 사람이다. 지금 그 사람이 새로운 삶의 의미를 발견함으로써 새 세상을 찾았다면, 그곳에 하나의 새로운 관점이 있다. 그것만으로도 인생이 전보다 더 깊이 있게 다가올 것이다.

기억하지 못해도 여전히, 나는 나

나에게 삶의 의미란 무엇인가?

그것은 하루하루의 일상에서 '살아 있다'는 충실함을 얻는 것이라고, 지금은 생각한다.

집 근처의 강가를 걸으면 봄에는 유채꽃, 가을에는 코스모스가 바람에 살랑인다. 그 꽃들을 보며 '아, 예쁘구나'라는 마음이 들면 내가 살아 있다는 것을 절실하게 느낀다.

잃어버린 능력을 원망하지 말고, 시선을 돌려 지금 할 수 있는 일을 바라보자. 매일 감사하며 살자.

꽃도 최선을 다해 살고 있다.

나도 최선을 다해 살아갈 것이다.

사토 마사히코 촬영.

제2장
스스로의 힘으로 살아가는 생활

나는 혼자서 살고 싶다

내가 처음 치매로 인한 이상 증상을 느끼기 시작한 것은 15년 전의 일이다. 그 후 알츠하이머형 치매로 진단을 받고 9년이 흘렀지만, 나는 아직 도심의 아파트에서 혼자 살고 있다.

치매 진단을 받았던 당시, 나는 "혼자 살기는 힘들 테니 시설에 들어가라"며 그룹홈을 소개받았다.

그러나 시설에서 살면 아무래도 자유롭지 못할 거라는 생각이었다, 나는 남아 있는 인생을 즐기고 싶었다. 그러려면 혼자 살아야겠다고 생각했다.

지금도 내가 혼자 살고 있다고 하면 "대단하다"며 격려해주는 사람도 있지만 "그럼 치매가 아니겠지" 하며 의심의 눈길을 보내는 사람이 많다.

하지만 혼자 산다고 해서 평범한 사람들처럼 아무 불편 없이 생활하는 것은 아니다. 매일매일 실수를 하고 하루에도 몇 번씩 힘들고 곤란한 일이 생기곤 한다.

일기 중에서 그러한 경험을 기록한 것들을 소개한다.

- 식사 시간이 되었는지를 모른다.
- 휴대전화를 보지 않으면 오늘이 며칠인지도 알 수 없다.
- 어제 받은 서류도 기억나지 않는다.
- 내일 일정을 모른다.
- 외출하려는데 열쇠를 어디 두었는지 생각나지 않았다.
- 은행 통장을 잃어버렸다.

- 장애인 수첩을 잃어버렸다.
- 돈 관리를 할 수 없다.
- 열쇠를 잃어버려서 동생이 여벌 열쇠를 만들어주었다.
- 컴퓨터를 켰는데 무엇을 하려고 했는지 기억나지 않았다.
- A에게 보낼 메일을 B에게 보냈다.
- 단어가 바로바로 떠오르지 않는다.

- 휴대전화를 어디에 두었는지 잊어버렸다.
- 단골 가게에 가는 길이 헷갈린다.
- 욕조에 물을 받아놓고 목욕하는 것을 잊어버렸다.
- 음식 재료를 사다 두고는 냉장고에 넣는 것을 잊어버렸다.

여러 번 실패를 하겠지만 치매 환자라도 할 수 있는 일은 여전히 많다.

나는 결코 치매에 지지 않을 것이다.

- 진료 예약증을 잃어버렸다.
- 현금을 찾은 기억이 없는데 통장에 인출 기록이 있다.
- 인감도장 등 도장 관리를 못 한다.
- 식사를 어떻게 준비하는지 모르겠다.
- 《성경》 읽기 말고는 딱히 하고 싶은 일이 없다.
- 오탈자가 많다.
- 쓰고 싶은 글자가 생각나지 않는다.
- 감정 조절을 할 수가 없다

- 제대로 판단하지 못하는 경우가 많아졌다.
- 만사가 귀찮다.
- 치매 증상이 심해진 듯하다.
- 조용하고 느리게 지내고 싶다.
- 내가 하는 결정에 자신이 없다.
- 일상생활의 어려움을 스스로 해결하지 못한다.

자유롭게 살고 싶어서 선택한 삶이지만 혼자 산다는 건 결코 만만치 않다.

밤낮이 바뀐 생활을 해도, 수염이 덥수룩하게 자라도, 몸 상태가 나빠져도, 누구 하나 얘기해주는 사람이 없다. 모든 게 나의

기억하지 못해도 여전히, 나는 나

책임이다. 스스로 관리하지 않으면 건강은 금세 나빠진다.

그래서 나는 혼자 살아가는 방법에 대해 여러모로 고민한다.

사람들은 치매에 걸렸다고 하면 '아무것도 못 한다' '아무런 생각도 할 수 없다'고 여기지만 꼭 그렇지도 않다.

여러 번 실패를 하겠지만 치매에 걸렸어도 할 수 있는 일은 여전히 많다. 나는 결코 치매에 지지 않을 것이다.

일상을 살아가는 법

치매에 걸리고 가장 곤란해진 것은 수입이 없다는 점이다. 그리고 집을 나서면 갈 곳이 없다는 사실도 나를 힘들게 했다.

바쁘게 사는 사람에게 자유로운 시간은 선물이지만, 매일이 휴일인 사람에게 자유로운 시간은 오히려 골칫거리일 뿐이다.

종일 아무 것도 안하고 멍하니 있다 보면 불현듯 '난 왜 사는 걸까?' 하는 생각이 들어 우울해진다. 할 일이 없다는 것, 그것만큼 괴로운 일이 없다.

퇴직하고 한동안은 하루를 어떻게 보낼지 혼란스럽고 불안했지만, 지금은 나만의 방식으로 차분하게 일상을 보낸다.

나의 하루를 소개한다.

월요일   자원봉사 활동(10:00~16:00)

화요일   A 요양보호사가 방문해서 식사 준비와 청소(오후, 2시간)

         교회 성가대 연습(오후)

기억하지 못해도 여전히, 나는 나

수요일	《성경》공부(오전, 월 1회)
	교회 기도회(저녁)
목요일	병원 진료(월 1회)
	멀리 외출(월 1회)
금요일	B 요양보호사가 방문해서 식사 준비와 청소(오후, 1시간 30분)
토요일	교회 성가대 연습(오후)
일요일	교회 예배(오전)

　겨울에는 아침 7시쯤 일어나지만 평소에는 아침 5시에 일어나서 집 근처 강가를 산책하면서 하루를 시작한다. 지금은 1시간에 7,000걸음을 목표로 걷는다.

　산책을 마치고 집에 돌아와 아침을 먹는다. 아침 식사로는 주로 밥, 된장국, 샐러드를 먹는다.

　나는 지병으로 당뇨가 있어서 식사 전에는 꼭 인슐린 주사를 맞는다. 치매 약은 아침과 저녁에 먹는다.

　식사를 마치면 신문을 읽거나 도서관에 간다. 그러다 보면 오전 시간이 훌쩍 지나간다.

　화요일, 수요일, 목요일에는 점심으로 도시락 배달 서비스를 이용한다. 매일 식사를 준비하기는 너무 힘들어서 일주일에 두 번은 집에 오는 요양보호사에게 부탁한다. 식단은 요양보호사가

매일 강가를 산책한다.

정하지만 가끔은 내가 먹고 싶은 메뉴를 부탁하기도 한다. 요양보호사가 오지 않는 날의 저녁에는 외식을 하거나 도시락 배달을 이용한다.

집 안 청소는 요양보호사의 도움을 받지만 화장실 청소와 세탁은 내가 직접 한다. 빨래를 해놓고 널지 않고 그대로 두는 일이 많았는데, 요즘은 건조까지 다 알아서 해주니까 조작 방법만 잊지 않으면 손쉽게 빨래를 끝낼 수 있다.

오후에는 음악이나 라디오를 들으면서 느긋하게 보낸다. 때로는 가까운 슈퍼마켓으로 생활용품을 사러 나가기도 한다.

밤에는 주로 컴퓨터 앞에 앉아서 페이스북에 그날의 에피소드를 올리거나 친구에게 댓글을 달면서 시간을 보낸다.

매주 월요일에는 자원봉사를 한다

세계 빈곤국의 아이들을 지원하는 민간 원조단체의 활동을 함께 한 지 10년이 넘었다. 지금도 집에서 전철을 몇 번이나 갈아타면서 단체 사무실까지 가곤 한다.

처음 가는 길은 헤매지만 자주 가는 곳이라면 혼자서도 잘 갈 수 있다. 나의 능력으로 가능한 것이라면 어떤 일이든 돕는다.

매주 교회에 가서 예배를 드리고, 성가대 연습도 빠지지 않고 한다. 가끔은 콘서트나 미술관에 가거나, 치매와 관련한 강연을 들으러 가기도 한다.

하지만 일정이 많아지면 지쳐서 병이 나기도 한다. 그래서 무리다 싶을 때는 사정을 얘기하고 약속을 취소한다. 그렇게 나만의 리듬을 유지하려고 노력한다.

생활비는 한 달에 100만 원 정도씩 받는 장애 연금과 그동안 모아둔 돈으로 사용하고 있지만 늘 적자이다.

그래도 무리하지 않고 내가 하고 싶은 일을 하면서 지내려고 한다.

일상의 불편을 해결하는 법 _____

치매에 걸리고 한동안은 불편하고 곤란한 일이 점점 늘어나는 상황에 당황하다 못해 불안해졌다. 결국 내가 할 수 없는 것에만 예민하게 신경을 곤두세우다 보니 우울해지곤 했다.

그러다 '할 수 없는 것을 고민하기보다 내가 할 수 있는 것을 찾아서 즐겁게 살자'고 생각을 바꾸고 나니 기분이 나아졌다. 그리고 한 가지씩 나만의 해결 방법이 보이기 시작했다.

중요한 물건을 잃어버리거나 시간과 장소를 기억하지 못해 가슴이 철렁 내려앉는 일이 일상다반사인데 어떻게 이걸 극복할 수 있을까?

치매와 함께 살아가는 내가 지금 일상생활에서 겪는 어려움이 무엇인지, 그리고 그것에 대해 나름대로 궁리해서 찾아낸 나만의 해결 방법을 순서대로 소개한다. 110~111쪽 표 참고.

_____ **어제 일도 기억나지 않을 때**

아무래도 일상에서 나를 가장 불편하게 하는 증상은 기억장애다. 그중에서도 '어제 있었던 일도 기억나지 않을 때'는 정말 당황스럽다.

내가 뭘 했는지 아무리 생각하려 해도 도무지 기억이 나지 않는다.

불안한 마음에 매일의 일상을 노트나 수첩에 기록하기도 하고, 눈앞에 보이는 종이에 메모도 해보지만 메모했던 종이를 어디에 두었는지 찾지 못해 당황하는 일도 많다.

그래서 생각해낸 방법이 컴퓨터에 일기를 쓰는 것이었다. 혹시 기억나지 않더라도 컴퓨터에 매일의 기록이 남아 있으니 걱정할 필요가 없겠다 싶었다.

일기를 꼭 써야 한다는 부담은 없지만, 매일 조금씩이라도 할 수 있을 때까지 기록해두려고 한다. 혹시 기억을 잃어버렸을 때의 안전장치가 되어줄 거라 생각하기 때문이다. 또 기록을 해두면 누군가를 만날 때나 진료를 받으러 갈 때도 많은 도움이 된다.

휴대용 녹음기도 기록을 남기기에 편리해서 자주 사용한다.

나는 원래 시스템 엔지니어로 오랫동안 컴퓨터를 다루는 일을 해왔다. 다행히 치매에 걸린 뒤에도 컴퓨터의 사용법을 잊지는 않았다. 지금은 예전보다 컴퓨터를 많이 다루는 세상이 되었으니 앞으로는 나처럼 치매에 걸렸어도 컴퓨터를 활용하는 사람이 훨씬 더 많아질 것이다.

기억하지 못해도 여전히, 나는 나

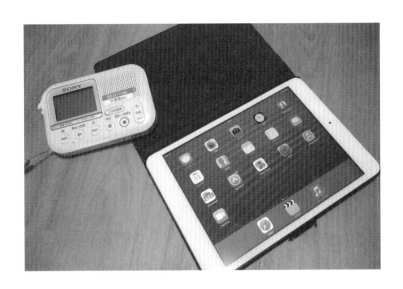

아이패드와 녹음기도 일상을 기록하기 위해 자주 사용한다.

치매에 걸리면 기억을 잃어버리는 것처럼 보이지만

사실은 기억 상자에서 기억을 꺼내는 열쇠를 잃어버린 것뿐이다.

내 주변을 보면 컴퓨터란 세상을 전혀 모르고 살다가 치매에 걸리고 나서야 처음 배웠다는 사람도 많다. 물론 고령자들이다.

나 역시 치매에 걸린 후에야 휴대전화나 태블릿 PC의 사용법을 배워 잘 활용하고 있다.

다만 처음에 기기를 마주하고 설정할 때는 혼자 하기가 어려워 동생의 도움을 받았다. 처음에는 다른 사람의 도움을 받는 것도 하나의 방법이다. 도움을 받아 일단 설정을 해놓고 나서 차츰 기계 다루는 법을 익히면 된다.

치매 초기에 컴퓨터나 태블릿 PC의 간단한 기능만이라도 배워두면 오랫동안 여러모로 쓸모가 있다. 또 새로운 도구에 도전을 한다는 것 자체가 기능을 잃어가는 뇌에 좋은 영향을 미친다.

반복해서 배우고 외워서, 매일 사용해야 잊지 않는다.

＿＿＿ 약속을 기억하지 못할 때

아침에 일어났는데 그날의 일정이 생각나지 않을 때는 정말 당혹스럽다. 어떤 약속이 있는지 전혀 기억나지 않는다. 그날의 할 일이 기억나지 않는 날에는 아침부터 불안이 밀려온다.

치매가 아닌 사람은 수많은 일정이 적혀 있는 달력에서 그날의 약속을 무의식적으로 바로 찾아낼 수 있다. 하지만 치매 당사자에게는 수많은 정보 중 지금 필요한 것을 찾아내는 그 간단한 일이 정말 어렵다.

그래서 컴퓨터의 일정 관리 프로그램의 도움을 받는다. 약속이 생기면 곧바로 컴퓨터에 입력해둔다.

치매에 걸리면 날짜나 요일을 자꾸 잊어버린다. 수첩에 일정을 적어놓아도 날짜를 잊으면 오늘 약속인지 내일 약속인지 알 수가 없다. 하지만 컴퓨터 프로그램을 이용하면 화면에서 날짜와 일정을 한 번에 확인할 수 있어서 편리하다.

매일 아침 일어나자마자 컴퓨터의 일정 관리 프로그램을 보고 그날의 일정을 확인한다.

다만 컴퓨터 프로그램에 일정을 입력하는 일은 믿을 만한 사람에게 부탁한다. 내가 입력하면 날짜를 착각해서 잘못 입력할 수도 있으니까. 다른 사람의 도움을 받으면 같은 시간에 일정이 겹치는 실수를 방지할 수 있다.

일정이 가까워지면 알람이 표시되도록 설정해놓는다.

아주 중요한 일정이 있을 때는 전날에 출발 시간이나 지하철 경로 등을 미리 인터넷으로 알아보고 출력해서 눈에 잘 띄는 곳에 붙여놓는다.

치매에 걸리면 기억을 잃어버리는 것처럼 보이지만 사실은 기

컴퓨터는 필요할 때 꺼내 보는 외장형 기억장치이다.

억 상자에서 기억을 꺼내는 열쇠를 잃어버린 것뿐이다.

나에게 컴퓨터는 일종의 외장형 기억장치이다. 컴퓨터에 입력해놓으면 일정이나 약속을 잊지 않을까 불안한 마음이 사라져 안심하고 일상을 보낼 수 있다.

일정은 거의 하루에 한 개로 정해둔다. 그 이상은 일정을 만들지 않는다. 치매에 걸리면 쉽게 피곤을 느낀다. 특히 모르는 사람들과 함께 있으면 더 빨리 지치고 기운이 빠진다.

하루에 하나 정도의 일정이라면 그 일에 집중할 수 있다.

누군가와 약속을 정할 때에는 꼭 "전화 말고 문자로 보내달라"고 부탁한다. 전화는 통화한 사실조차 잊어버리기도 하지만 휴대전화에 남아 있는 문자는 몇 번이라도 다시 확인할 수 있다.

그래서 휴대전화 문자를 자주 사용한다. 휴대전화는 날짜와 요일을 확인하는 데에도 아주 유용하다.

_____ 약속 시간을 자꾸 놓쳐버릴 때

치매에 걸리고 나니 시간이 빨라졌다는 느낌이 든다. 이유는 모르겠지만 순식간에 시간이 지나버린다.

사람들은 일을 할 때도, 휴식을 취할 때도 보통 시간이 얼마나 흘렀는지 신경 쓰며 행동한다. 그런데 치매에 걸리면 시간의 흐름을 의식하는 게 어려워진다. 어떤 일을 하고 있으면 시간이 흐르고 있다는 것마저 잊어버린다.

예를 들어 11시에 병원에 가야 하는 일정이 있다면, 나가기 전에 잠깐 책을 읽거나 재미있는 TV 프로그램을 보거나 전화 통화를 하다가 그만 병원에 가야 한다는 사실을 잊어버린다.

그래서 눈에 잘 띄는 곳에 큰 시계를 걸어놓고 언제든지 시간을 확인하도록 한다.

그리고 아침에 일어나 컴퓨터로 일정을 확인할 때도 시간을 미리 알 수 있도록 휴대전화에 알람을 설정해놓는다.

예정된 일정보다 1시간 전에 알람이 울리면 음악을 들으면서 긴장을 푼다. 그리고 출발 30분 전에는 하고 있던 일을 그만두고 외출 준비를 한다.

출발 10분 전에 한 번 더 알람이 울리도록 설정한다. 그러면 예정 시각에 정확하게 집을 나설 수 있다.

중요한 일정이 있을 때에는 외출 전에 통화를 한다거나, 다른 일에 정신을 빼앗기지 않도록 이런저런 대비책을 마련해놓는다. 상대방에게 실례가 되지 않는 여러 방법을 연구한다.

_____ 수면 시간이 불규칙할 때

앞에서도 이야기했듯이 치매에 걸리고 나서 시간 감각이 매우

시간을 수시로 확인하기 위해 커다란 시계를 눈에 띄는 장소에 걸어 놓았다.

떨어졌다.

시간 감각의 변화는 잠에서 깨어나는 시간에도 영향을 미친다. 어느 날은 새벽 4시에 잠이 깨고, 어느 날은 낮 12시까지 자기도 한다.

수면 시간을 파악하는 것은 건강관리에서도 중요하다. 그래서 매일 컴퓨터에 기상 시각과 취침 시각, 수면 시간을 기록하고 있다. 일어난 시각을 알면 내가 얼마나 잤는지, 수면 시간이 부족하다면 오늘은 쉽게 피로해지겠다는 식으로 그날의 건강 상태를 예측할 수 있다.

모임에서 만난 어느 치매 당사자가 아침에 일어난 시각을 기억하지 못할 수도 있으니 일어나자마자 휴대전화로 시계를 찍어놓으라고 알려주었는데 아주 좋은 방법이었다.

몸 상태가 좋지 않은 날에는 휴대전화로 얼굴 사진을 찍어놓으면 당시의 안색과 시각이 같이 찍혀서 편리하다. 이렇게 사진으로 찍어놓으면 병원 진료를 받을 때 건강 상태가 언제부터 나빠졌는지 의사에게 정확하게 설명할 수 있다.

치매에 걸리고 나서 컨디션이 좋은 날과 나쁜 날의 차이가 매우 커진 것을 느낀다.

그래서 수면 시간을 잘 관리해서 건강 상태를 유지하려고 노력한다.

_____ 소리에 민감할 때

병에 걸리기 전에는 들리지도 않던 생활 소음이나 사람들의 이야기 소리가 유난히 시끄럽게 들려서 쉽게 피곤해질 때가 있다. 특히 몸 상태가 나쁠 때에는 이명이 심해진다. 지구력, 집중력, 주의력도 떨어진다.

그럴 때에는 귀마개를 하거나 이어폰으로 좋아하는 음악을 들으면서 스트레스를 푼다. 그리고 위험하지 않은 장소에 있어야 한다.

작은 소음도 전혀 견디지 못할 정도로 예민해져서 외출도 못하고 밖에서의 식사가 어려울 때도 있다.

그런 상태가 되면 무리해서 외출하지 않는다.

아름다운 경치를 찍은 영화나 TV 프로그램을 소리를 끄고 보면서 마음이 편안해질 때까지 시간을 보낸다.

좋아하는 사진집이나 그림책도 마음을 안정시키는 데 도움이 되므로 언제든지 쉽게 꺼내 볼 수 있도록 가까운 곳에 둔다.《성경》읽기도 마음을 안정시키는 나만의 방법이다.

_____ 약 먹는 것을 잊어버릴 때

몸 상태가 나빠지면 약 먹는 것도 잊을 때가 많다.

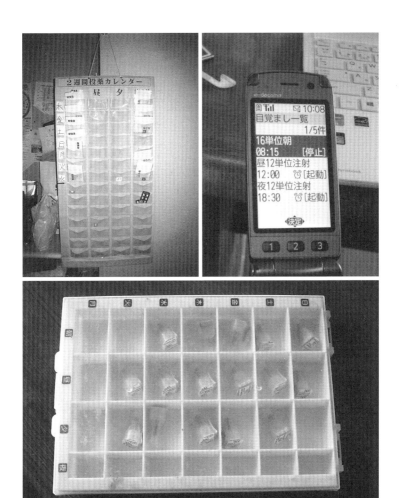

약 달력과 휴대전화의 알람 기능은 약 복용을 잊지 않기 위한 필수품이다.

그래서 시중에 판매하는 약 달력에 약을 넣어두고 매번 약을 먹었는지 눈으로 확인하는 습관을 들였다. 참고로 이야기하자면 지금 내가 먹고 있는 치매 약은 메만틴염산염이다. 예전에는 도네페질염산염을 복용했는데 소리에 예민해지는 부작용이 심해서 복용을 중단했다.

2009년 가을부터는 지병인 당뇨병으로 하루 세 번 인슐린 주사도 맞고 있다. 식사 전에 잊지 않고 인슐린 주사를 놓기 위해 휴대전화의 알람 기능에 저장해놓고 사용한다.

그리고 주삿바늘도 약 달력에 넣어두었다. 주삿바늘이 있으면 아직 안 맞은 것, 없으면 이미 맞은 것으로 확인할 수 있다.

약 먹는 것을 잊지 않기 위해 겹겹의 대책을 생각해두었더니 마음이 놓였다.

약국에서 약을 자주 잊어서 곤란하다고 상담하면 사용하기 편한 약 관리 케이스나 약 달력을 추천해준다.

_____ 물건을 자주 잃어버릴 때

집 안을 정리 정돈하는 일이 어려워지자 물건을 찾아야 하는 일도 많아졌다.

가끔씩 물건을 찾다가도 무엇을 찾고 있는지 기억나지 않을 때도 있다.

기억하지 못해도 여전히, 나는 나

치매 증상 중에는 '도둑 망상'(가족이나 지인이 자신의 물건을 훔쳐간다고 믿는 망상으로 치매 증상 중 하나이다_역주)이 있다고 한다. 본인은 '틀림없이 이 자리에 놓았다'고 믿기 때문에 그런 증상이 생긴다는 게 이해가 된다. 자신이 물건을 다른 곳에 놔두었다는 의식 자체가 없기 때문이다.

나는 물건을 제자리에 잘 두지 못하다 보니 외출에서 돌아오면 이른바 외출 세트, 집 열쇠, 지갑, 휴대전화 등을 한데 모아 정해진 위치에 두려고 노력한다. 여기저기 따로 두지 않고 눈에 잘 띄는 장소에 모아두는 것이 비결이다.

TV와 에어컨의 리모컨도 정해진 자리에 놓는다. 한여름에 에어컨 리모컨을 찾지 못해서 무척 고생한 적도 있었다. 그래서 항상 물건은 정해진 위치에 두려고 신경을 쓴다.

매일 사용하는 태블릿 PC는 정시에 알람이 울리도록 설정해두어 알람 소리로 어디에 두었는지 찾을 수 있다.

공과금 청구서 등도 잃어버리면 아주 곤란한 것들이다. 전화요금 청구서를 어딘가에 두고 찾지 못하거나 잊어버리면 전화가 정지되기도 한다.

그래서 청구서가 날아오면 모두 한곳에 모아두고 바로바로 납부한다.

필요 없는 물건은 과감히 버리고, 가능한 한 새로운 물건을 구입하지 않는다. 물건이 많으면 필요한 물건을 찾는 데 시간이 걸려 빨리 찾지 못하기 때문이다.

필요한 물건을 찾지 못할 때 기억해야 할 점이 있다. 찾으려는 물건이 보이지 않아도 초조해하지 않는 것이다. 그냥 포기하는 '결단력'도 필요하다. 언젠가 생각지도 못한 곳에서 나타날 수도 있으니 말이다.

_____ 동시에 여러 가지 일을 하지 못할 때

치매에 걸리면 몇 가지 일을 동시에 처리하거나, 여러 가지 일에 주의를 집중하는 것이 매우 힘들다. 치매 증상이 없는 사람이라면 의식하지 않아도 몇 가지 일을 동시에 할 수 있지만, 치매에 걸린 우리에게는 어려운 일이다.

그러나 치매에 걸리면 그런 힘든 상황을 일상에서 무수히 마주하게 된다.

요리를 예로 들어보자. 한쪽에서는 무언가를 끓이면서 동시에 다른 한쪽에서는 채소를 잘라야 한다. 나는 평소에 음식을 자주 해 먹는 편이 아니라 딱히 걱정되지 않지만, 요리를 직접 하는 사람이라면 이런 당연한 일들이 점점 어려워진다.

음악을 들으면서 메일을 보내거나, TV를 보면서 밥을 먹는 것도 힘들다. 방송 내용이 머릿속에 들어오지 않고 밥은 무슨 맛인지 모르고 먹게 된다.

치매 환자가 생활하는 시설에 가보면 식당에 TV가 켜져 있는 걸 많이 본다. 내 생각에는 환자들이 식사를 많이 남기는 이유가 거기에 있을 것 같다. 분명 TV를 보는 데 집중하느라 밥 먹는 일에 집중하지 못하기 때문이다.

나는 식사할 때는 충분히 음식 맛을 느끼며 즐기고 싶어서 TV를 끄고 먹는다.

얼마 전에는 욕조에 물을 받으면서 TV를 보다가 목욕하는 것을 완전히 잊은 적도 있었다. 욕조에 물이 적절히 채워지면 자동으로 멈추는 장치 때문에 넘치지는 않았지만 목욕물이 기억난 것은 다음 날 아침이었다.

전자레인지에 반찬을 데워놓고는 잊어서 며칠 후 전자레인지를 쓰려고 열었다가 말라붙은 반찬을 보고 놀란 적도 있었다.

기억력이 떨어진 탓도 있지만 다른 일에 주의를 빼앗기면 기억해야 할 일을 쉽게 잊어버린다.

특히 기억해야 할 것이 눈에 보이지 않을 때는 더욱 신경을 써야 한다. 치매 당사자에게 눈앞에 보이지 않는다는 것은 머릿속에서 사라진다는 것과 같은 의미이다.

다소 이상하게 보일지 몰라도 목욕물을 받으면서 목욕을 시작하는 것도 목욕을 잊지 않기 위한 방법 중 하나이다.

특히 기억해야 할 것이 눈에 보이지 않을 때는 더욱 신경을 써야 한다.

치매 당사자에게 눈앞에 보이지 않는다는 것은

머릿속에서 사라진다는 것과 같은 의미이다.

그나마 목욕물이나 전자레인지 정도는 괜찮다. 불을 쓰는 일을 할 때에는 절대로 다른 일을 하지 않는다. 물을 끓일 때는 다 끓어서 불을 끌 때까지 가스레인지 앞에 계속 지키고 있어야 한다. 전화가 오거나 누가 찾아와도 절대 가스레인지 앞을 떠나지 않는다. 화재가 나면 정말 큰일이니까.

한 가지에만 주의를 집중해야 하는 또 하나의 일은 메모이다.

책상 위에 대여섯 장의 메모지가 붙어 있다고 생각해보자. 가운데 한 장의 메모에는 주의를 집중할 수 있지만 나머지 네다섯 장의 메모까지 한 번에 인식하기는 어렵다. 시야가 좁아지는 것과는 조금 다른 느낌으로, 나머지 네다섯 장의 메모는 마치 그림 풍경처럼 배경에 섞여버리고 만다.

내가 치매에 걸리기 전에는 중요한 것을 잊지 않으려고 거실 벽에 편지나 팩스로 받은 문서를 붙여놓곤 했다. 그러나 그렇게 붙여놓은 것이 너무 많아지면서 메모는 자신의 역할을 잃어버렸다.

그러다 어느 모임에서 '달력에는 딱 세 가지만 기록한다'는 노하우를 배웠다. 세 가지 정도는 쉽게 확인할 수 있지만, 그 이상이 되면 글자가 글자로 보이지 않고 그저 무언가 쓰여 있는 배경으로 보일 뿐이다. 치매에 걸린 사람과 그렇지 않은 사람의 차이다.

결국 모든 일이 그렇다. 한 가지씩 집중해서 하면 어느 정도까지는 우리도 여러 가지 일을 할 수 있다. 하지만 동시에 여러 가지 일을 한다는 건 매우 어렵고 무척 많은 에너지가 필요하긴 하다.

지금은 꼭 필요한 메모만 붙인다. 그리고 일이 끝난 메모는 바로 떼어버린다. 그렇게 하지 않으면 나중에 그게 끝난 일인지 아닌지를 확인하지 못해서 혼란스럽고 불안해지기 때문이다.

_____ 누군가와 만나서 이야기할 때

동시에 두 가지 일을 못 하는 것은 누군가를 만나서 이야기할 때도 마찬가지다.

일대일로 이야기할 때는 괜찮지만, 상대가 서너 명으로 늘어나면 이야기 흐름을 따라가기 어려워진다.

한 사람이 하는 이야기는 집중해서 들을 수 있다. 그러나 이야기하는 상대가 계속해서 바뀌거나 동시에 두 사람이 이야기하면 더 이상 이야기가 들리지 않는다.

카페나 식당처럼 주위가 시끄러운 상황에서는 더욱 힘들다.

그래서 나는 여러 명이 모이는 만남에 가면, 내가 한 사람에게 집중해 이야기를 나눌 수 있도록 "두 사람이 한꺼번에 말하지 말아달라"고 부탁한다. 다른 사람이 차례를 기다려준다면 나도 대화를 즐길 수 있다.

또한 내가 이야기하는 도중에 다른 사람이 끼어들면 원래 하

이야기에 집중하기 위해서는 조용한 자리가 좋다.

려던 이야기로 다시 돌아가지 못한다. 어디까지 이야기했는지 어떤 이야기를 하고 있었는지도 기억나지 않기 때문에 "말하는 중간에 끼어들지 말아달라"고 미리 부탁한다.

상대방과 침착하게 이야기를 나누고 싶을 때는 사전에 조용한 장소를 찾아둔다. 주위가 시끄러울 때에는 주저 없이 자리를 바꾸거나 장소를 바꾼다.

이야기에 집중하려면 가림막이나 칸막이가 있는 곳, 또는 창가 끝자리가 좋다.

유명한 식당이나 대형 레스토랑은 갈 생각도 하지 않는다. 사람이 많고 시끄러운 데다가 "땡똥" 울리는 호출음도 나를 예민하게 만든다. 음악 소리가 시끄러운 장소도 피하려고 한다.

이런 조건을 생각하면서 '사람을 만날 때 갈 수 있는 곳'을 몇 군데 정해놓았다.

지역마다 치매 당사자가 안심하고 편하게 이용할 수 있는 가게를 알려주는 지도가 있으면 좋겠다는 생각을 한다.

사람을 만날 때에는 상대에게 양해를 구하고, 얼굴과 이름을 잊지 않도록 태블릿 PC나 휴대전화로 사진을 찍는다. 그리고 거기에 이름을 적어서 저장한다. 그리고 전화가 걸려오면 그 사람의 사진이 화면에 뜨도록 설정해놓는다.

등록되지 않은 전화번호로 걸려온 전화는 받지 않는다. 무서우니까. ☺

___ **외출할 때**

밖에 나갈 때는 지갑, 집 열쇠, 휴대전화를 잊지 않고 챙겨야 한다.

준비를 마치고 나가려는데 외출 세트를 찾을 수 없다면 정말 당황스럽다. 그래서 항상 정해진 위치에 두려고 하지만 그래도 가끔씩 어디에 두었는지 기억나지 않아서 한참을 찾곤 한다.

지갑을 못 찾을 때를 대비해서 약간의 현금은 따로 보관해놓는다. 그리고 당연한 말이지만 외출에서 돌아오면 지갑에 반드시 돈을 넣어둔다.

휴대전화는 없어져도 집 전화로 전화를 하면 금방 찾을 수 있다. 하지만 집 열쇠는 여간해서 찾기가 힘들다. 그래서 스트랩으로 휴대전화에 걸어놓거나 여유분 열쇠를 만들어놓는다.

집 열쇠를 잠그고 나면 두세 번씩 문을 여닫으며 잘 잠겼는지 확인해서 잠겼다는 것을 확실하게 인식한 후 집을 나선다.

아직까지는 자주 가는 장소에 오가는 길을 잊어버리는 일은 없었는데, 얼마 전 20년 동안 다녔던 동네 마트에서 돌아오다가 당황한 적이 있었다. 에스컬레이터를 내려 오른쪽 출구로 나와야 하는데 나도 모르게 왼쪽 출구로 나와서 집으로 가는 방향을 잃어버린 것이었다.

외출을 하다가 아주 곤란해지는 경우는 가는 도중 어디에 가려고 집을 나왔는지가 기억나지 않을 때이다.

점심으로 생선구이를 먹고 싶어서 집을 나섰는데, 도착하자 무엇을 먹으러 나왔는지 기억나지 않는다. 그래도 이 정도는 메뉴 변경이라 생각하고 다른 것을 먹으면 되니까 그리 큰 사건도 아니다. ☺

처음 가는 장소라면 당연히 길을 헤매곤 한다. 방향감각이 떨어져서 몇 번이고 같은 곳을 맴돌기도 하고, 정반대 방향으로 가기도 한다.

갈림길이 없거나 한두 번 꺾이는 길 정도라면 찾아갈 수 있지만, 그 이상 복잡해지면 찾아갈 수가 없다. 걸어서 10분 정도가 마지노선이다. 15분이 넘는 거리면 혼자서는 찾아가지 못한다.

왔던 길 그대로 돌아가는 것도 어렵다. 왔던 길로 되돌아가려면 주변 경치나 표시, 중요한 지점 등을 외워두어야 하는데, 그런 정도의 기억조차 어렵기 때문이다.

또한 지하상가에 들어가거나 어두운 밤길에서도 쉽게 길을 잃어버린다. 지하는 방향을 짐작하기 어렵고 밤에는 보이는 것이 적어서 길을 하나라도 잘못 들어서면 꼼짝없이 방향을 잃는다.

"두 번째 신호에서 오른쪽으로 돌아라" 또는 "우리은행 사거리에서 왼쪽으로 꺾어라" 같은 설명도 전부 기억하지 못한다.

미리 메모지를 준비하면 좋겠지만 귀찮아서 잘 안 갖고 다니게 된다.

예전에는 처음 가는 곳을 찾아갈 때 지도와 나침반을 꼭 챙기기도 했다. 지하철역에서 걸어서 5분 거리에 있는 가게에 간다면 역의 출구를 나서자마자 나침반으로 지도의 북쪽을 맞추고 나서 걷기 시작한다. 그러나 찾아가는 길이 어렵다거나 복잡한 지도라면 그리 도움이 되지 않는다.

휴대전화의 지도 기능을 배우긴 했는데, 휴대전화의 안내는 마무리가 영 마음에 들지 않는다. "목적지 근처입니다. 안내를 종료합니다" 하고 끝나버리면 정말 막막해진다. 사실 그때부터가 더 찾기 어려운데 말이다. ☺

그나마 내가 지금 어디에 있는지 아는 정도의 치매 수준이라면 이런 방법들도 도움이 된다. 그러나 지금은 내가 있는 위치조차 파악하기 힘들어서 처음 가는 곳이라면 함께 가줄 사람을 찾아서 안내를 부탁해야 한다.

외출할 때 또 하나의 곤란한 점은 쉽게 피곤해지고 주의력이

힘들어도 외출은 포기하지 않는다.

흐트러진다는 점이다.

보통 사람들은 다른 생각을 하면서도 빨간 신호등을 보면 무의식적으로 횡단보도 앞에서 멈춰 선다. 그러나 치매에 걸리면 당연한 일조차 어려워져서 주의를 집중하지 않으면 빨간불일 때에도 길을 건너고 만다.

치매 당사자에게 인파를 헤치고, 신호등을 주의 깊게 보면서 길을 걸어서, 목적지를 찾는다는 것은 무척 어려운 일이다. 그러니 그 정도의 움직임이면 쉽게 지치고 만다.

계단을 오르고 내리는 일도 쉽지 않아서 마치 계단을 처음 오르는 어린아이처럼 어느 정도의 보폭으로 계단을 디뎌야 할지 알수가 없다. 에스컬레이터도 언제 발판에 발을 올려야 하는지 알수 없어 어렵다. 특히 계단을 내려갈 때는 발을 헛디디지 않을까 모든 신경을 곤두세우게 된다.

전철을 이용할 때에는 타고 난 후 방향을 맞게 탔는지 항상 불안하다. 안내 방송을 듣지 못해서 내려야 할 역을 지나친다거나 갈아타는 곳을 몰라서 헤매는 일도 다반사다.

그래서 전철을 이용할 때는 전날에 인터넷으로 도착 시각과 환승역을 찾아본다. 도착 시각을 미리 알아두면 내릴 역을 신경쓰지 않아도 된다.

역에 내릴 시간쯤 휴대전화 알람이 울리도록 설정해두기도 한다. 30분 만에 내린다면 25분에 알람을 설정한다. 이동할 때에는 다른 생각을 하지 않아야 한다는 것도 계속 되뇌인다.

그러나 혹시 전철이 지연되기라도 하면 이 모든 노력이 헛수고가 되고 만다.

외출이 불편해지면 밖에 나가는 것을 자꾸 피하게 된다.

하지만 외출을 포기해버리면 나의 세상은 점점 좁아진다. 일상의 즐거움과 삶의 의욕이 줄어든다.

그래서 나는 힘들더라도 외출을 포기하지 않는다.

낯선 길을 찾아갈 일이 생기면 나와 같이 가줄 사람은 없는지 알아본다.

가보고 싶은 공원이나 콘서트, 모임, 연극이 생기면 지인에게 전화나 메일을 보내서 같이 가고 싶은 사람이 있는지 혹은 갈 예정이 있는 사람이 있는지 알아본다.

지금까지는 다행히 같이 가줄 사람을 찾을 수 있었다. 그 사람이 못 가게 되면 자신의 지인을 소개해주기도 해서 점점 더 함께 해주는 지인이 늘어나고 있다.

혼자 갈 수 있는 곳까지 가서 역에서 동행을 만나면, 그다음부터는 같이 움직이면 되니까 초행길이라도 마음이 놓인다.

기억하지 못해도 여전히, 나는 나

외출이 불편해지면 밖에 나가는 것을 자꾸 피하게 된다.

하지만 외출을 포기해버리면 나의 세상은 점점 좁아진다.

일상의 즐거움과 삶의 의욕이 줄어든다.

그래서 나는 힘들더라도 외출을 포기하지 않는다.

같이 가는 사람도 초행길일 때에는 미리 가는 길을 검색해서 알아본다. 그러면 내가 더 길을 잘 알고 있는 경우도 있다. 그럴 때는 내가 안내를 하기도 하고 서로 바뀐 역할에 웃음보가 터지고 즐거워진다.

2012년에는 혼자서 고속철도를 갈아타고 3~4시간 거리의 지방까지 가는 대모험을 했다. 인슐린 주사를 깜빡 잊고 챙겨가지 못했지만, 가기 전에 꼼꼼하게 계획을 세운 덕분에 무사히 도착해서 친구를 만났다.

외출해서는 종종 구두나 외투를 잃어버린다. 물건을 둘 때에는 눈에 보이는 곳, 특히 출입구에 두는 것이 좋다.

그리고 가게를 나설 때 꼭 잊은 물건이 없는지 확인한다. 이제는 습관이 되었다.

_____ 쇼핑할 때

필요한 물건은 대부분 요양보호사에게 부탁해서 구입하지만, 가끔 혼자서 편의점에 가거나 슈퍼마켓에 가서 물건을 살 때도 있다.

아무리 자주 가는 슈퍼마켓이라도 진열대 위치와 상품 위치를 외우지는 못한다. 몇 번을 가도 마찬가지이다. 사고 싶은 물건이 어디에 있는지 모르니 갈 때마다 찾아야 한다.

일반적으로 몇 번 가보면 즉석식품은 여기, 잡화는 저기. 이렇게 쉽게 위치를 기억하게 되지만 나는 항상 같은 슈퍼마켓을 가도 갈 때마다 처음 가본 곳 같다.

게다가 공간과 장소에 대한 감각이 떨어져서 내 위치를 잘 파악하지 못한다. 그 덕분에 같은 곳을 반복해서 돌거나, 출구를 찾지 못해 헤매기도 한다.

그래서 나는 슈퍼마켓에 가면 망설이지 않고 점원에게 상품 위치를 묻는다.

효율적으로 쇼핑을 하겠다는 생각을 버리는 것이 중요하다. 생각을 바꿔서 느긋하게 쇼핑하는 것이다. 마음의 여유를 갖고 천천히 물건을 둘러본다. 이렇게 긴장을 풀면 오히려 쇼핑이 편해진다.

쇼핑하러 갈 때는 '사야 할 물건 목록'을 적어서 간다. 그뿐만 아니라 '사지 말아야 할 물건 목록'도 만들어 간다.

아직 냉장고에 남아 있는 우유, 달걀, 미리 사다 둔 면도칼 등을 적어서 간다. 그러지 않으면 똑같은 물건을 또 사기 때문이다.

쇼핑하러 갈 때 두 가지 목록을 전부 가져가면 편리하다. 또 필기구를 가져가면 더 편리하다. 장바구니에 넣은 물건은 구매 목록에서 지우고, 안 산 물건은 없는지 확인한다.

효율적으로 쇼핑을 하겠다는 생각을 버리는 것이 중요하다 .

마음의 여유를 갖고 천천히 물건을 둘러본다.

이렇게 긴장을 풀면 오히려 쇼핑이 편해진다.

서점에 갈 때에도 최근에 구입한 도서 목록을 만들어 간다. 똑같은 책을 반복해서 사지 않기 위해서다.

요즘에는 온라인 서점이 있어서 편리하다. 책 제목만 알면 쉽게 구입할 수 있다.

여러 곳을 들러야 할 때는 반드시 메모지에 오늘 들러야 할 곳을 적어서 출발한다. 그래야 한 곳만 들렀다가 집으로 돌아오는 실수를 하지 않는다. 가는 도중에 주의를 빼앗길 일이 있을 때에는 더 신경을 써야 한다.

마지막으로 결제. 이것이 가장 어려운 관문이다.

치매에 걸리면 잔돈 계산을 할 수가 없다. 예를 들어, 낼 돈이 800원이라면 500원짜리 동전 한 개와 100원짜리 동전 세 개를 주면 되는데 이런 계산을 할 수가 없다.

계산대에 서면 내 뒤에서 차례를 기다리는 사람들을 불편하게 하고 싶지 않다는 생각에 나도 모르게 지폐를 내밀곤 하니 항상 잔돈이 쌓인다.

전에는 간단한 암산 정도는 가능했다. 하세가와 치매척도(치매 진단에 이용하는 간이 지능평가척도이다 _역주)에서 '100 빼기 7'이라는 문제 정도는 식은 죽 먹기였다. ☺ 그러나 지금은 될 수 있으면 신용카드를 쓰려고 한다.

주의할 점은 신용카드를 항상 지갑에 넣고 다녀야 한다는 것이다. 카드 관리를 잘해야 한다. 신용카드를 잃어버리면 일이 커지니 말이다.

나는 한 달에 한 번만 은행에서 현금을 찾는다. 현금을 찾으면 바로 기록하고 통장에는 현금 사용 목적을 적어놓는다.

생활비는 한 달을 전반과 후반으로 나누어서 관리하고, 지출을 컴퓨터에 기록한다. 그달 전반에 예상보다 생활비를 많이 사용했으면 후반에는 절약하는 등 나름대로 노력하고 있다.

헤매더라도 천천히 즐기면 된다.

혼자서도 잘 지내기 위한 방법

	어려운 점	해결 방법
일상생활	날짜와 요일을 알 수 없다	• 날짜와 요일이 표시되는 시계를 산다 • 컴퓨터는 날짜와 요일이 보이도록 설정한다
	어제 일이 기억나지 않는다	• 노트나 수첩은 잃어버리기 쉬우니, 컴퓨터로 일기를 쓴다
	일정이나 약속을 잊어버린다	• 컴퓨터로 일정 관리를 하고 매일 아침에 확인한다 • 약속은 하루에 하나만 잡는다 • 휴대전화에 약속 시간을 알리는 알람을 설정한다
	물건을 잘 잃어버린다	• 정해진 자리에 물건을 둔다
	동시에 여러 가지 일을 할 수 없다	• 동시에 두 가지 일을 하지 않는다 • 대화 중에는 끼어들지 말아달라고 부탁한다
전화통화	번호를 잘 누르지 못한다	• 휴대전화에 전화번호를 저장해둔다
	통화 내용이 기억나지 않는다	• 중요한 용무와 약속은 문자로 주고받는다
	휴대전화를 어디에 두었는지 기억나지 않는다	• 휴대전화는 정해진 위치에 둔다 • 집 전화로 휴대전화에 전화를 걸어 벨소리를 듣고 찾는다
약	약을 먹었는지 기억나지 않는다	• 약 달력에 일주일 치 약을 넣어둔다. • 오늘 약을 먹었는지 눈으로

		확인한다. • 약 먹는 시간을 휴대전화의 알람 으로 설정한다
화기 사용	불을 켜둔 사실을 잊어버린다	• 불을 쓸 때는 절대 주변을 떠나지 않는다
금전 관리	은행에서 돈을 인출한 사실을 잊어버린다	• 현금을 인출하면 수첩이나 컴퓨 터에 바로 기록한다 • 인출한 돈의 사용처를 통장에 기 록한다 • 생활비는 한 달을 전반/후반으로 나누어 사용한다 • 전반에 많이 지출하면 후반에는 절약한다
	청구서를 잘 잃어버린다	• 청구서는 정해진 장소에 모아 둔다 • 청구서는 받는 즉시 납부하거나 신용카드 지불로 등록해둔다
외출	낯선 곳은 혼자 갈 수 없다	• 같이 갈 동행인을 찾는다 • 지하철을 이용한다면 미리 가는 방법과 도착 시간을 알아둔다
	화장실을 찾지 못한다	• 부끄러워도 사람들에게 물어본다 • 동행인의 도움을 받는다
쇼핑	항상 가는 슈퍼마켓인데도 상품 위치를 기억하지 못한다	• 짧은 시간에 효율적으로 물건을 구입하겠다는 생각을 버린다 • 점원에게 물어본다
	이미 구입한 물건을 또 산다	• '사지 않아야 하는 물건 목록'을 작성해 간다
	지갑에 동전이 쌓인다	• 가능한 한 신용카드를 사용한다

하루하루 즐거운 생활

_____ **좋아하는 음악과 함께**

예전에는 CD를 정리하지 못해서 여기저기 흩어져 있다 보니 듣고 싶은 음악을 바로 찾기 어려웠다.

지금은 컴퓨터에 음악을 저장해서 좋아하는 음악을 언제든지 들을 수 있다. 어떤 CD에 무슨 곡이 들어 있는지 굳이 외우지 않아도 되어 편하다.

요즘에는 유튜브에서 검색해서 듣기도 한다.

좋아하는 방송을 녹화해놓고 보고 싶을 때마다 본다. 방송을 녹화할 수 있는 비디오테이프리코더를 샀는데 조작 방법이 간단해 쓰기가 좋다.

예전 노래를 들려주는 프로그램에 출연하는 밴드의 노래나, 예전에 인기가 있었던 가수들의 노래를 자주 듣는다. 치매에 걸렸어도 의외로 옛날에 좋아하던 노래는 기억이 난다. 1970~1980년대에 들었던 노래는 따라 부를 수 있을 정도이다.

요즘 내 삶의 즐거움은 성가대에서 함께 부르는 합창이다.

즐거움을 주는 성가대 연습은 빠지지 않고 참여한다.

처음 치매 진단을 받고, 앞으로 어떻게 살아야 할지 막막했을 때 교회의 지인이 성가대 연습을 권유했다.

어릴 때부터 노래에 소질이 없던 나는 악보도 볼 줄 몰랐지만, 딱히 거절할 이유가 떠오르지 않아서 연습에 한번 참가해보았다. 그랬더니 담당자의 친절한 지도 덕분에 금세 성가대에 재미가 붙어 푹 빠지게 되었다. 음악은 나의 삶에 즐거움을 주는 선물이다.

_____ 취미가 있는 일상

나는 취미로 꽃 사진을 찍는다.

신주쿠 교엔(도쿄에 있는 대규모 도심 공원으로 1만 그루 이상의 나무가 있다_역주)에는 계절마다 다양한 꽃이 피기 때문에 1년 내내 자주 찾게 된다.

진다이 식물공원(도쿄도 조후시에 있는 도립공원_역주)으로는 장미 사진을 찍으러 가고, 매년 5월이 되면 아시카가 플라워 파크(꽃구경의 명소로 4월 말~5월 중순에 꽃 축제가 열린다_역주)로 등나무꽃 사진을 찍으러 간다.

얼마 전부터 페이스북을 시작했는데 내가 찍은 사진을 짧은 글과 함께 올린다. '좋아요' 수가 늘어날 때마다 기운이 난다.

예전에 한 달에 한 번씩 사이타마대학에서 열리는 치매 환자

계절마다 피는 꽃 사진을 찍는다.
사토 마사히코 촬영.

를 위한 미술치료교실에 다닌 적이 있었다.

안타깝게도 지금은 수업이 없어졌지만, 그곳에서 그림과 도자기를 처음 배우면서 흥미를 느끼게 되었다.

선생님은 항상 수업 시간에 "여러분 자신의 작품이니까 자유롭게 그리세요. 꼭 정해진 방법으로 그리지 않아도 됩니다"라고 말했다. 편안한 마음으로 하다 보니 그림이 즐거웠다.

미술치료교실의 목적은 그림을 잘 그리고 도자기를 잘 만드는 것이 아니라, 즐거운 시간을 보내는 것이었다.

같은 수업을 들었던 동료 중에는 나보다 치매가 더 심한 사람도 있었다. 치매와 상관없이 그림 그리는 모습을 보면서 감동을 받기도 했다. 완성한 작품은 휴대전화 카메라로 찍어서 지인들에게 보내주었다. 작품을 본 지인들이 나름대로의 감상을 보내주면 그 또한 커다란 즐거움이었다.

미술치료 덕분에 감성이 풍부해졌다.

미술관에도 자주 가게 되었다.

롯폰기에 있는 국립신미술관과 산토리미술관은 장애인 수첩이 있으면 본인을 포함해서 동반 1인까지 입장료가 무료이다. 브리지스톤미술관도 본인과 동반 2인까지는 입장료를 50% 할인해 준다.

기억하지 못해도 여전히, 나는 나

좋아하는 것을 자유롭게 그린다.
사토 마사히코 그림.

미술관뿐만 아니라 장애인 할인 혜택이 있는 시설이 생각보다 많다. 자세히 알아보면 더 많은 곳을 찾을 수 있다.

집 안에만 있지 말고 외출하면서 일상을 활기차게 보내야 한다. 외출은 뇌 기능을 활발하게 한다(우리나라도 국립미술관, 박물관, 자연휴양림, 체육·문화시설, 공공 기관이 운영하는 공공시설에서 요금 감면 혜택을 받을 수 있다. 단, 우리나라는 파킨슨 병, 치매, 초로기 치매에 한해서만 장애인 등록이 가능하다_역주).

동행해줄 사람이 있다면 장거리 여행도 즐길 수 있다. 지명이나 지리를 잘 기억하지 못하니 여행을 다녀와도 어디서 무엇을 했는지 설명하지는 못한다. 비록 말로 설명하지는 못해도 여행의 느낌과 이미지는 선명하게 남는다.

지금은 즐거웠던 기억만 남아 있어도 충분하다고 생각한다.

_____ 세상에 도움이 된다는 기쁨

누군가의 도움을 받기만 하며 사는 것은 불편하다. 다른 사람을 위해서 무언가를 할 수 있다는 것, 누군가에게 도움을 준다는 보람도 사람이 살면서 느끼는 기쁨 중 하나이기 때문이다.

나는 매주 월요일 오전 10시부터 오후 4시까지 세계 빈곤국 아동을 지원하는 민간 원조단체에서 자원봉사 활동을 한다.

퇴직 전부터 참여한 자원봉사 활동인데, 일을 그만둔 지금은 정

치매에 걸렸지만 내 능력이 허락하는 한 의미 있는 일을 하고 싶다.

그러면 사회에서 고립되지 않고, 스스로에 대해 자신감도 가질 수 있다.

그리고 가장 중요한 삶의 보람을 느낄 수 있다.

2010/03/27

여행을 기억하지 못해도 즐거웠던 마음 만으로 충분하다.

기적으로 사무실에 가서 우편물 봉투 붙이는 작업을 돕고 있다.

치매로 인해 복잡한 작업을 할 수 없게 된 후에는 주위 사람들이 내가 할 수 있을 만한 일을 찾아서 맡겨준다.

2011년에는 오랫동안 봉사 활동을 해온 것을 인정받아 감사장을 받기도 했는데 정말 기뻤다.

나는 수학과를 졸업한 덕분에 수학 중등교원자격증을 보유하고 있는데, 어느 날 시 직원으로부터 "수학을 가르치는 봉사 활동을 해보지 않겠느냐"는 제안을 받았다.

그래서 일주일에 한 번씩 방과 후 교실에서 학교 수업을 따라가기 힘든 다문화 아동이나 지적장애 아동에게 수학을 가르쳤다.

자원봉사 활동으로 돈을 벌지는 못한다. 하지만 누군가를 돕는다는 것은 '나도 사회에 참여하고 있구나' '인간으로서 가치 있는 삶을 살아가고 있구나' 하는 보람을 느끼게 한다.

치매에 걸렸지만 내 능력이 허락하는 한 의미 있는 일을 하고 싶다. 그러면 사회에서 고립되지 않고, 스스로에 대해 자신감도 가질 수 있다. 그리고 가장 중요한 삶의 보람을 느낄 수 있다.

가능한 한 세상에 도움이 되는 일을 하고 싶다.

안개 속에서 사는 느낌

항상 긍정적으로 살려고 노력하지만, 치매의 증상인지 몸의 컨디션이 좋을 때와 나쁠 때의 차이가 너무 커서 힘들 때가 있다. 어떤 날은 전혀 의욕이 나지 않아 하루 종일 멍하니 앉아 있기도 한다. 그런 날에는 아침에 눈을 떠도 일어날 수가 없다. 잠이 오는 것도 아닌데 일어나지를 못한다. 눈을 뜨고 의식은 깨어 있지만 멍하고 나른한 상태라고 보면 된다.

TV 소리가 시끄럽게 느껴지면 위험신호다. 좋아하는 음악이 듣기 싫어지고 일상적인 주변의 반향음마저 신경 쓰이면 빨간불이다.

그럴 때에는 아주 작은 자극에도 대처하지 못한다. 계기판의 바늘이 한 바퀴 빙그르르 돌아 측정 불가능한 상태라고나 할까?

이렇게 컨디션 난조가 심할 때는 5~6일 동안 잠에 빠져서 지낸다. 거의 먹지도 않는다. 배고픔을 느껴도 먹을 수가 없다. 이상 증세가 온몸을 덮쳐버린다.

조용한 곳에서 조바심 내지 않으며, 초조해하지 않고,

당황하지 않으며, 반드시 다시 기운이 날 거라고 믿고 기다리는 것이다.

그저 살아갈 목적이 있다는 사실을 믿는 수밖에 없다.

치매 환자가 느끼는 이런 감각을 말로 설명하기는 어렵지만, 예를 들자면 책이 무너져버리는 느낌이다. 책장에 꽂혀 있던 책이 무너져 어수선하게 흩어진 상태랄까. 정리되지 않은 느낌이다.

호주의 치매 환자 크리스틴 브라이든Christine Brydn(호주의 전 과학기술부 차관으로, 46세에 치매 진단을 받았다. 그녀의 이야기가 영화 〈스틸 앨리스〉로 제작되기도 했으며, 2003년 치매 환자로는 최초로 국제알츠하이머병협회 이사로 선출됐다_역주)은 "안개 속에서 사는 느낌이다"라고 표현했다. 그래서인지 쉽게 피곤을 느낀다.

최근에는 책을 읽을 의욕조차 없을 때가 많다. 특히 소설을 읽기가 어렵다. 읽다 보면 앞의 내용이 생각나지 않아서 줄거리를 이해하지 못하고 등장인물을 기억하기도 힘들다.

그리고 다음 행으로 눈이 자연스럽게 넘어가지 않아서 같은 줄을 반복해서 읽곤 한다. 의식적으로 노력해야 다음 행으로 넘어갈 수 있으니 독서 자체가 어려워진다.

TV 드라마나 영화도 마찬가지. 그 전의 줄거리를 기억하지 못하니 봐도 재미가 없다.

아주 유명한 영화나 역사 드라마처럼 대충 줄거리가 짐작되는 내용이라면 괜찮지만 최근에는 그마저도 자주 보지 않는다.

몸 상태가 나빠지면 자꾸 나쁜 생각이 든다. 그러면 어느 시점

삶에는 휴식도 필요하다.
사토 마사히코 촬영.

에서 억지로라도 나쁜 생각을 끊어내야 한다.

그러나 아무리 노력해도 스스로 나쁜 생각을 중단하기 어려울 때가 있다.

그럴 때에는 오히려 아무것도 하지 않는다. 그저 회복되기만 기다릴 뿐이다. 조용한 곳에서 조바심 내지 않으며, 초조해하지 않고, 당황하지 않으며, 반드시 다시 기운이 날 거라고 믿고 기다리는 것이다.

그저 살아갈 목적이 있다는 사실을 믿는 수밖에 없다.

나쁜 생각이 끊이지 않을 때는 호시노 도미히로 씨(일본의 시화작가. 20대에 사고로 목 아래가 마비되어 입으로 그림을 그린다 _역주)의 시화집을 본다. 그의 시화집을 보고 있으면 마음이 편안해지면서 삶의 에너지가 돌아오는 기분이 든다.

고통을 느끼는 것은 살아 있기 때문이다.
고민이 있다는 것은 살아 있기 때문이다.
상처받는 것은 살아 있기 때문이다.
나는 지금 진짜 살아 있다.
-〈노루발꽃, 살아 있기 때문이다〉

우울증이나 조현병을 가진 사람처럼 치매 환자도 '게으름뱅이'

라는 오해를 받는다. 그러나 우리는 결코 게으르지 않다.

때로는 너무 노력하지 않아도 된다.

호시노 도미히로 씨가 이야기하듯 고민거리가 있다는 것은 살아 있다는 증거이다.

실컷 고민하자.

기억하지 못해도 여전히, 나는 나

치매의 진행을 더디게 하는 몇 가지 방법 _____

마지막으로 내 경험을 바탕으로 치매 증상을 늦추는 데 도움이
된 몇 가지 방법을 소개한다.

- 할 수 있는 일은 스스로 한다.
- 적극적으로 외부 활동에 참여한다.
- 무슨 일이든 해보기 전에 포기하지 않는다. 일단 해본다.
- 스트레스를 받는 일은 바로 그만둔다.
- 모든 일에 관심을 갖는다.
- 충분한 수면을 취하고 규칙적인 생활을 한다.
- 주변 사람들은 "안 돼" "하지 마"라며 과보호하지 않는다.
- 아름다운 것을 보고 즐거운 일을 하며 기분을 전환한다.
- 살아 있다는 것에 감사한다.
- 자신의 역할을 만들어서 충실한 삶을 보낸다.

치매 환자와 가족, 의료진, 돌봄 관계자, 이웃들도 꼭 알아두었

으면 한다.

그리고 앞으로 치매에 걸릴지도 모를 모든 사람을 위해 치매라는 진단을 받는다면 해야 할 일도 소개한다.

- 앞으로 어디에서 살지, 어떻게 살아갈지를 생각한다.
- 자신의 기록을 남겨둔다.
- 재산 목록을 작성한다.
- 생명보험 서류를 한곳에 모아둔다.
- 부동산 등기부등본을 챙겨놓는다.
- 유언장을 작성한다.
- 말기 간호에 대해 준비한다.
- 자신이 사망한 후 연락할 곳을 정리해놓는다.
- 컴퓨터나 태블릿 PC의 사용 방법을 배운다.
- 불필요한 물건은 버리고 미니멀 라이프를 추구한다.

이렇게 많은 것을 해야 한다고 하면 오히려 걱정하는 사람도 있을 것이다.☺ 그러나 반복해서 말하지만 치매에 걸린다고 아무것도 할 수 없는 것은 아니다.

스스로 무너지는 일은 없다. 준비를 하는 것뿐이다.

기억하지 못해도 여전히, 나는 나

스스로 무너지는 일은 없다. 결코 포기하지 않겠다.

지금까지 설명한 것처럼 여전히 내가 할 수 있는 일은 많다.

어쩌다 할 수 없게 된 일도 몸 상태가 좋아지면 다시 할 수 있게 되기도 한다.

오늘은 잘 안 되던 일을 다른 날에 다시 해보자. 포기하지 말고 도전한다. 포기하지 않는 것이 중요하다.

힘든 일은 매일매일 생긴다. 내일 일은 내일 걱정하면 된다.

기억하지 못해도 여전히, 나는 나

제3장
당사자의 목소리를 내는 것

치매에 대한 편견을 없애다

내가 치매라는 진단을 받았던 2005년에 비하면 최근에는 치매에 관한 책이나 강의가 꽤 많아졌다. 이제는 많은 사람이 치매에 상당히 관심을 갖는 분위기다.

그러나 그 많은 책과 강의를 막상 찾아보면 정작 당사자의 입장에서 치매를 이해하고 지원을 호소하는 내용은 하늘의 별 따기만큼이나 찾기 어렵다.

오히려 책과 강의를 통해 '치매는 두려운 병' '치매에 걸리기는 정말 싫다'는 공포감만 더 부추기는 것 같아 걱정될 정도이다.

나는 현재 알츠하이머형 치매라는 병과 함께 살아가고 있다. 그러니 자신 있게 말할 수 있다. '치매에 걸리기 전에는 할 수 없었지만, 치매에 걸리고 나서야 새롭게 할 수 있는 일들이 반드시 있다는 것을.'

이 메시지가 치매와 함께 살아가는 나의 경험을 사람들에게 전하는 활동을 하고 있는 이유이다.

자신 있게 말할 수 있다.

치매에 걸리기 전에는 할 수 없었지만,

치매에 걸리고 나서야 새롭게 할 수 있는 일들이 반드시 있다는 것을.

치매를 두려워하지 않아도 된다는 것을, 그리고 만약 치매라는 진단을 받았다고 해도 긍정적으로 살아갈 수 있다는 희망을 전하는 데는 치매 당사자의 목소리만 한 게 없다. 그것이 가장 설득력이 있기 때문이다.

오직 당사자의 경험만이 치매가 몸과 마음에 미치는 영향을 정확하게 설명한다. 그리고 어떻게 도와야 하는지도 다양하게 알려줄 수 있다.

물론 치매에 걸렸어도 주변 사람들에게 밝히지 못하는 사람들이 아직은 많다. 그만큼 우리 사회에는 치매에 대한 편견이 너무나 높다. 하지만 그 벽을 넘어서려면 오해와 편견에 맞설 용기가 필요하다.

아직 용기를 내지 못한 사람들을 응원하기 위해서라도 앞장서서 당당히 목소리를 내는 당사자가 필요하다.

내가 정말 하고 싶은 일은 '치매에 걸리면 아무것도 할 수 없게 된다'는 편견을 없애는 것이다. 치매 증상은 사람에 따라 각양각색이고, 치매에 걸린 사람도 할 수 있는 일이 많다는 사실을 정말이지 세상에 널리 알리고 싶다.

강연을 시작하다

2008년에 지방 도청 공무원을 대상으로 강연을 한 적이 있었다. 강연의 제목은 〈치매 당사자의 목소리를 듣다〉.

나는 사람들 앞에서 나에게 일어난 그동안의 경험을 솔직하게 이야기했다.

강연회가 끝나고 며칠 뒤, 담당자가 그날 참가했던 사람들의 후기를 정리해서 보내주었는데, 인상적이었던 내용을 몇 가지 소개한다.

- 이 강의는 '공무원이 반드시 들어야 하는 강의'로 정해야 한다고 생각한다.
- 사토 씨의 용기 있는 발언과 삶을 즐기는 자세에 박수를 보낸다.
- 치매 당사자가 직접 전하는 생생한 이야기를 들을 수 있어서 도움이 되었다.
- 치매에 걸린 사람이 어떤 도움을 필요로 하는지 이제야 이

기억하지 못해도 여전히, 나는 나

강연을 통해 나의 경험을 솔직하게 전한다.

치매에 걸린 내가 강연 활동을 계속하는 것을 보고

어떤 사람은 "관심 끌려고 하지 말라"면서 비난하기도 했다.

그때는 너무 큰 상처를 받아 마음이 아팠다.

해했다.
- 지금까지 알고 있던 치매에 대한 지식이 잘못되었다는 걸 깨달았다.
- 치매 당사자의 이야기를 듣고서야 내가 할 수 있는 일이 무엇인지 다시 고민하게 되었다.

참가자들의 후기를 보고 내가 하고 싶었던 이야기와 진심이 제대로 전달된 것 같아 무척 기뻤다. 그날 이후 나는 강연 요청을 받으면 가능한 한 수락하고, 여러 지역으로 발걸음을 옮기며 내 이야기를 전하고 있다.

치매를 가진 나로서는 강연이라는 행위가 무척 고된 일이다. 하지만 '치매를 이해해주는 사람이 한 명이라도 더 늘어난다면' '치매를 보는 세상의 시선이 바뀌었으면' 하는 간절한 바람으로 최선을 다해 이야기한다.

방방곡곡을 다니며 그 지역의 치매 당사자, 그리고 그들을 지원하는 많은 사람을 만난다.

강연만 하고 끝나는 경우도 있지만 거기에서 만나 이후로도 메일을 주고받으며 소식을 전하고, 다시 만나기도 하며 오랜 인연을 이어가는 사람도 많다.

세상에 목소리를 내자고 전국을 다니다 보니 치매에 걸리기 전보다 인간관계의 폭은 오히려 넓어지고 있다.

그렇다고 강연을 다니면서 항상 좋은 일만 있는 것은 아니다.

치매에 걸린 내가 강연 활동을 계속하는 것을 보고 어떤 사람은 "관심 끌려고 하지 말라"면서 비난하기도 했다. 그때는 너무 큰 상처를 받아 마음이 아팠다.

치매에 걸린 이후의 내 경험을 공유하면서 생활에서 일어나는 긍정적인 부분을 얘기하다 보면 "진짜 곤란한 일이나 문제가 없다고요? 정말요?" 하고 캐묻는 사람도 있고, "에이, 당신은 치매 환자가 아닌 것 같은데?" 하고 의심하는 경우도 있다.

그럴 때면 내가 열심히 살려고 하면 할수록 세상은 나를 차갑게 바라보는 것 같아 괴로웠다.

특히 "당신은 치매가 아닌 것 같은데요?" "정말 치매가 맞습니까?"라는 식으로 의심을 받은 일은 한두 번이 아니다.

자꾸 의심을 받자 나도 혹시나 하는 마음에 다시 여러 의사를 찾아다니며 치매인지 아닌지 진찰을 받아보기도 했다. 하지만 알츠하이머형 치매라는 진단은 변함없었다. "틀림없는 알츠하이머형 치매입니다"라고 확인을 받고서야 안심이 되다니…… 씁쓸한 기분이었다.

기억하지 못해도 여전히, 나는 나

치매 당사자 여러분께

2009년 5월에는 후생노동성(우리나라의 보건복지부에 상응하는 중앙 부처이다_역주)이 처음으로 개최한 〈초로기 치매 정책 추진 공청회〉에 참석했다.

나는 다른 치매 당사자들과 함께 당시 정부 부처의 담당자들에게 저마다의 경험과 정부에 요청하고 싶은 의견을 전달했다.

그날 공청회 모습은 TV나 신문을 통해 비중 있게 다루어지기도 했다.

2010년 12월에는 「치매 당사자 의견에 기초한 삶의 의미 만들기 조사연구회」라는 모임이 있었다. 다른 지역에서 참석한 사노 미쓰타카 씨와 내가 제안자로 함께해 의료, 케어, 사회에 대한 바람 등 당사자로서 필요한 도움과 의견을 제시했다.

다음은 그때 내가 전국에 보낸 호소문이다.

2009년 5월에 열린 공청회에 치매 당사자로 참여했다.

전국의 치매 당사자 여러분께

예전에는 치매에 걸리면 아무것도 할 수 없다고 했습니다. 하지만 이제는 조기에 진단을 받으면 이겨낼 방법이 많습니다. 저처럼 치매에 걸렸다는 것을 인지하고, 본인의 생각과 의견을 세상에 전하는 사람도 등장했습니다.

지금까지는 자신을 어떻게 도와주면 좋은지 직접 이야기하는 치매 당사자가 없었습니다. 그런데 이제 조금씩 당사자의 의견과 요구를 들어야 한다는 움직임, 당사자의 요구에 맞춰 도움을 제공해야 한다는 분위기가 형성되고 있습니다. 이 기회를 놓치지 말고 우리의 이야기를 생생하게 전해야 하지 않겠습니까?

치매 당사자가 원하는 생활이 어떤 것인지 우리 자신이 목소리를 높이지 않으면 그 누구도 알아주지 않습니다. 아무것도 바뀌지 않습니다. 앞으로 치매라는 질병을 겪게 될 사람을 위해서라도 먼저 치매를 겪어본 우리가 나서야 합니다. 어떤 도움을 받고 싶은지, 일상생활에는 어떤 지원이 필요한지 요구하는 것은 지금 우리에게 너무나 중요한 일입니다.

전국의 치매 당사자 여러분, 우리가 용기를 내서 목소리를 높

여야 하지 않을까요?

저는 미술에 관심이 많습니다. 그래서 여러 미술관을 찾아다니며 작품을 감상하고 싶습니다.

지금까지 수도 없이 말했지만 치매에 걸렸어도 저의 취미도, 일상의 즐거움도 포기하지 않고 살아가고 싶습니다. 그러기 위해서는 당사자의 살아 있는 목소리와 사회의 이해가 필요합니다.

치매 당사자에게 '자신이 어떤 지원을 원하는지' 전달할 능력이 있다는 것을 세상에 보여주기 위해서라도 많은 의견을 보내주세요. 용기 내주시기를 간곡히 부탁드립니다.

제안자 사토 마사히코

2010년 12월 16일

기억하지 못해도 여전히, 나는 나

크리스틴 브라이든 씨와의 대화

2011년 2월에는 치매 당사자로서 호주에서 폭넓은 활동을 하고 있는 크리스틴 브라이든 씨와 무사시대학의 TV 스튜디오에서 영상을 통해 공개 대담을 하게 되었다.

크리스틴 씨가 들려준 이야기는 다음과 같았다.

치매라는 병에 걸렸다고 진단을 받으면 먼저 공포감이 몰려옵니다. 우리가 가진 고정관념 때문이죠. 우리는 치매라는 병을 생각하면 이성과 감정이 모두 사라지고 껍데기만 남아 아무 생각도 할 수 없는 사람의 이미지가 떠오릅니다. 하지만 그런 일은 결코 일어나지 않습니다.

우리는 사회와 치매에 걸린 사람들에게 이 말을 전하고 싶습니다. 치매는 오히려 활기차고 인간답게 살아가는 길을 걸어가는 여행이라고. 그리고 그 과정에서 우리 역시 근사한 사회 구성원으로 살아낼 수 있다는 것을요.

다음은 그날 진행한 나와 크리스틴 브라이든 씨의 공개 토론을 지켜본 방청객들이 보내준 의견이다.

• 주변에서 '치매에 걸리면 완전히 쓸모없는 사람이 되어 절망적'이라고 말하는 사람이 많았습니다. 하지만 나는 어쩌면 꼭 그렇지 않을 수도 있다고 생각해왔어요. 오늘 이야기를 들으니 정말 그렇네요. 내 생각이 맞았습니다.

−토론회 지역에 사는 중년 여성

• 오늘 이야기를 들으면서 '어떻게 활기차게 살아갈 수 있는가, 살아내야 하는가'에 대해 많이 생각했습니다. 이 토론의 핵심은 바로 그 지점이 아닐까요. 이건 '치매 지원'이라는 분야에 국한되는 주제가 아닙니다. 훨씬 더 많은 사람이 이 내용을 공유하고 고민하면서 개선해나아갈 필요가 있다고 느꼈습니다.

−치매 돌봄 분야에서 일하는 중년 남성

• 이런 기회가 있어 정말 다행이라고 생각했습니다. 치매 당사자들이 생각하는 삶의 의미, 그들이 진정 원하는 것은 무엇인지, 그리고 평범한 사람들이 원하는 걸 하면서 살아가듯

어떻게 하면 그들도 자신이 원하는 방식으로 살아가며 만족스럽게 지낼 수 있는지 등 그걸 알기 위해서는 역시 당사자들과 의견을 주고받으며 고민해야 한다는 사실을 절실히 느꼈습니다.

크리스틴 씨 덕분에 치매를 둘러싼 과제가 국경을 초월하는 공통적 사안이라는 것을 알았습니다. 뜻깊은 이야기로 가득 찬 시간이었습니다.

−치매 돌봄 분야에서 일하는 젊은 남성

_「치매 당사자 의견에 기초한 삶의 의미 만들기 조사연구 사업보고서」특정비영리활동법인 치매 환자와 모두의 지원센터, 2011년 3월에서 **발췌**

치매 당사자의 고민과 희망

크리스틴 씨와의 공개 대담 다음 달에는 오사카에서 〈치매 당사자 삶의 의미 만들기와 의견 전달 세미나〉가 있었다.

2010년 12월에 제안하고 홍보한 치매 당사자 의견 모집 결과를 바탕으로 사노 미쓰타카 씨58세에 치매 진단, 요시다 다미하루 씨71세에 치매 진단와 나, 이렇게 세 명의 치매 당사자가 대담을 했다. 먼 지방에서 온 참가자 오타 마사히로 씨 등도 연단에 올라 "당당하게 살아가고 싶다"고 호소했다.

전국의 치매 당사자들도 앞다투어 자신의 이야기를 보내주었다. 간절하고 솔직한 그 의견들을 소개한다.

- 스스로 생각할 수 있는 동안 내가 할 수 있는 일이 무엇인지 상담하고 싶습니다. 그리고 현실적인 지원을 받을 수 있으면 좋겠습니다. 병원의 노인의학과 의사나 간호사는 너무 바빠서 그런 상담을 할 수가 없어요.
- 나의 치매가 얼마나 진행된 상태인지 자세히 알고 싶습니다.

뇌 엑스레이 결과를 직접 듣고 싶어요.

- 당사자의 의견을 들어주는 모임이 있었으면 합니다. 다른 의사의 소견도 담당 의사에게 말하기는 어려워요.

- 치매 진단을 받았을 때 병원 방문 시에는 가족이 반드시 동석해야 한다고 했지만, 정기적인 진찰 정도는 혼자서 받고 싶습니다.

- 치매라는 진단을 받았을 때 갑자기 지옥에 떨어진 느낌이었습니다. 정말 슬펐습니다.

- 우리는 마른 나무처럼 잎이 떨어진 채 텅 비어 있습니다.

- 아버지는 항상 큰 소리로 야단만 칩니다. 큰 소리로 화내지 않으면 좋겠습니다.

- 가족에게 도움이 되는 일을 하고 싶습니다.

- 살면서 가능한 한 누구에게도 짐이 되고 싶지 않습니다.

- 남들처럼 똑같이 말하는데도 치매라는 이유로 오해를 받곤 합니다. 그럴 때면 마음이 아픕니다.

- 상대방과의 대화를 제대로 따라가지 못하고, 인지하지 못한다는 게 너무나 괴롭습니다.

- 잊어버린 노래를 부르고 싶어요. 누군가 다시 가르쳐주면 좋겠습니다.

- 누군가 나를 계속 돌봐주는 게 싫을 때도 있습니다. 지금까

지 살아온 내 방식대로 지내고 싶습니다.

- 자동차 운전을 못 하게 해서 자유롭게 외출할 수 없는 게 불만입니다.
- 쉽게 우울해지곤 하지만 산책은 즐겁습니다.
- 아무 데도 가고 싶지 않습니다. 집에만 있고 싶습니다.

_〈치매 당사자 의견에 기초한 삶의 의미 만들기 조사연구 사업보고서〉에서 발췌

치매와 함께 지내고 있는 한 사람 한 사람 모두 저마다의 고민과 고통을 가지고 있을 것이다. 그럼에도 불구하고 우리는 존재 이유가 있다. 나름의 삶의 의미를 지니고 살아가길 소망한다.

기억하지 못해도 여전히, 나는 나

치매 당사자 모임이 탄생하다

2012년, NPO법인 「치매당사자의 모임」을 설립하게 되어 나도 발기인으로 참여했다.

이 모임의 활동 중 하나로 치매와 함께 사는 사람에 의한, 치매와 함께 사는 사람을 위한 모임인 「미쓰노카이 3つの会」(일본어 발음을 그대로 표기했다_역주)가 탄생했고, 내가 대표를 맡게 되었다.

'전하다つたえる' '만들다つくる' '연결하다つながる'라는 세 개 주제어의 앞 글자를 따서 '미쓰노카이'(즉 'つ'가 세 개인 모임_역주)라는 이름이 탄생했다.

'이제 막 치매 진단을 받은 사람, 치매와 더불어 이제껏 삶을 꾸려온 사람 등 치매와 함께 살아가는 모두가 의견과 경험을 나누며, 각자의 삶을 만들어가자. 그렇게 각자의 삶 속에서 서서히 마음을 모아 사회에 목소리를 전달하자'는 의미를 담아 시작한 모임이었다.

치매 당사자들이 의견을 교환하는 웹사이트도 시작했다. 덕분에 온라인을 통해 새로운 사람들과 연결되고 대화도 확대해나

2012년 9월, 제1회 치매 당사자 연구회가 시작되었다.

갔다.

그리고 그해 9월에는 「치매당사자의 모임」에서 '치매당사자 연구회'도 시작했다.

이 연구회는 지금까지

- 치매에 걸린 사람의 입장에서 본 인터뷰
- 치매와 살아가기 위해 필요한 의료
- 〈치매인기본법〉을 만든다면
- 〈치매인기본법〉에 바란다, 우리 없이 아무것도 시작되지 않는다!

등을 주제로 계속 모임을 이어가고 있다.

한편 2012년 10월에는 호주에서 활동하는 크리스틴 브라이든 씨와 남편이 일본에서 대규모의 강연회를 열었다. 그때 나는 사노 씨, 나카무라 씨와 함께 강연회 제2부의 릴레이 토크에 출연했다.

'지역을 넘어 치매라는 인연으로 만난 세 명의 동료가 보내는 메시지'라는 제목 아래 강연 내용과 구성, 진행까지 모두 우리가 스스로 맡아서 해냈다. 정말이지 대단한 경험이었다.

호주에서 활동하는 크리스틴 브라이든 씨와 만났다.

치매 당사자 없는 정책을 반대한다 _____

2013년 2월에는 도쿄에서 열린 제6회 세계정신의학회 안티스티
그마Anti-Stigma 분과회에 참석해 강연을 하기도 했다.

치매에 대한 편견을 없애기 위해서는 치매 당사자 스스로가
자신의 가능성을 믿고 의견을 말해야 한다는 것, 그리고 주변 사
람들도 치매 당사자의 가능성을 믿고 그것을 실현하도록 지원해
야 한다는 것을 힘주어 말했다.

이 강연에 대한 기록은 크리스틴 씨의 소개로 국제알츠하이머
병협회 뉴스레터2013년 6월호에 게재되기도 했다.

이즈음 경찰청 교통국에서 도로교통법 개정 시안에 대한 의견
을 수렴하고 있다는 사실을 알게 되었다. 우리가 관심을 가진 분
야는 '일정 질병 등과 관련한 운전자 대책'이었다. 이에 대한 의
견을 제출하기 위해 우리 웹사이트 등에 호소문을 올렸다.

마감까지 기간이 매우 짧았지만 많은 당사자가 관련된 경험과
의견을 보내주어, 다음과 같이 경찰청에 제출할 수 있었다.

2013년 2월, 제6회 세계정신의학회에 참가했다.

도로교통법 개정 시안에 관한 의견 제출

1. 치매와 관련된 단서의 추가

자동차 등의 운전에 지장을 줄 우려가 있는 '일정 질병' 중 하나로 치매가 거론되고 있다. 조현병과 마찬가지로 '자동차 등을 안전하게 운전하는 데 필요한 인지, 예측, 판단 또는 조작 중 하나와 관련된 능력의 결여가 우려되는 증상을 보이지 않는 경우는 제외한다'는 단서를 두기 바란다.

【이유】

• 치매를 조기에 발견하고 진단·치료받으면서 사회생활을 지속하는 사람이 늘고 있다. 능력 여하와 관계없이 일률적으로 '자동차 등의 운전에 지장을 줄 우려가 있는 대상자'로 간주해버리면 운전할 능력이 있는데도 불구하고 사회적 규제로 운전을 단념할 수밖에 없는 불이익이 발생할까 우려된다.

• 거주 지역에 따라서는 운전을 할 수 없으면 쇼핑도, 병원 방문도 불가능해 생존 라인이 끊겨버리기도 한다. 당장 내일의 생활에 지장이 생긴다. 실제로 지방에서는 치매 진단을 받은 뒤, 운전 능력이 있는데도 운전을 그만둘 수밖에 없어 가족의 도움 없

이는 생활할 수 없게 되고 생활 범위도 좁아져서 본인·가족 모두 스트레스를 받는 사람이 상당수이다. 병원에 가는 것도 택시를 이용해야 하니 형편이 어려워 생활을 꾸리기 힘든 경우도 있다.

• 제시한 단서가 붙지 않을 경우, 운전할 능력을 갖고 있는데도 불구하고 치매라고 하면 일률적으로 '운전은 무리다' '당연히 운전을 그만둬야 한다'는 사회적 편견이나 오해가 조장될 수 있다. 그러면 치매에 걸린 사람에 대한 올바른 이해와 꼭 필요한 지원의 확대가 어려워진다.

2. 당사자 입장에서의 검토와 지원을 정비

치매 당사자의 자진 신고를 촉진하고, 치매 당사자와 사회의 안전을 확보하기 위해서는 운전과 관련해 치매 당사자 입장에서 검토와 종합적인 지원을 정비해나가기 바란다.

【이유】
• 치매 진단 전후에 면허를 갱신하면서 자진 신고 여부를 망설이는 사람이 많다.

• 안전하게 운전을 계속하려면 어떻게 해야 좋을지, 운전 외의

기억하지 못해도 여전히, 나는 나

자신과 가족의 이동 수단을 확보할 방법은 없는지, 이에 대한 정보·조언이나 지원은 없는지 치매 당사자에게는 다양한 고민과 욕구가 있다.

• 면허 갱신을 할 때 치매 당사자가 경찰서나 지역에서 운전에 대한 상담·조언·지원을 받을 수 있다면 안심하고 자진 신고를 할 것으로 예상된다.

이상 두 가지 사항에 대해 치매 당사자의 의견을 모아 제출한다.

치매당사자의 모임 「미쓰노카이」

대표 사토 마사히코

행정 당국은 치매 당사자 없이 정책이나 법률 수립을 추진하지 않았으면 하는 바람이다.

치매워킹그룹을 발족하다 _____

2014년 10월 11일, 「일본 치매워킹그룹」을 발족했다. 공동대표는 나를 비롯해 나카무라 시게노부 씨, 후지타 가즈코 씨가 맡았다.

「일본 치매워킹그룹」은 치매 당사자가 구성원이 되고, 치매에 걸린 사람들과 사회를 위해, 치매 당사자 본인이 활동을 해나가는 최초의 독립된 조직이다.

이 단체의 목적은 치매에 걸려도 희망과 존엄을 유지하면서 보다 잘 살아갈 수 있는 사회를 만드는 것이다. 이를 위해 세계 각국의 치매워킹그룹 및 일본의 관련 단체와 연대해 활동하고 있다.

설립 취지서 내용을 여기에 소개한다.

설립 배경

치매 혹은 치매 전조 증상을 보이는 인구가 800만 명을 넘어섰고, 치매는 국민 모두에게 중요한 과제가 되었다. 정부는 2012

기억하지 못해도 여전히, 나는 나

년에 '치매 정책의 방향성에 대하여'를 제시하고, 2013년에 〈치매 정책 추진 5개년 계획〉을 수립함으로써 치매 대책을 적극적으로 추진하게 되었다. 국가 정책의 기본 목표에 명시된 대로 이제는 '치매에 걸렸어도 당사자의 의견을 존중해야 한다'는 것이 중요해졌다.

반면 현실에서는 '치매에 걸리면 아무것도 모른다' '아무것도 할 수 없다'는 편견이 여전히 강하게 남아 있어, 치매 문제라고 하면 '치매에 걸린 사람이 저지르는 문제에 대해 주변이 대처하는 방법'으로만 인식하기 쉽다.

이 때문에 대부분 '의료진이나 돌봄 제공자에 의한 대책'이 추진될 뿐, 치매에 걸린 개인이나 가족이 희망을 품고 잘 살기 위한 지원 체계가 정비되어 있다고는 말할 수 없다. 특히 조기 진단이 확대되면서 자신이 치매라는 사실을 인지할 수 있는 초기에 확진되는 사람이 늘고 있지만, 진단 시기부터 노인장기요양보험 적용 대상이 될 때까지 필요한 지원은 준비되지 않아 절망에 빠지는 사람이 많다. 이 사각지대의 해결은 앞으로 치매에 걸릴 가능성이 있는 모든 사람에게 심각하고 절실한 문제다.

이후 치매 인구가 계속 증가할 것으로 예상하는 가운데 우리의 바람은 치매 당사자와 그 주변 사람들이 희망을 안고 살 수 있게 되는 것이다. 실제로 그러한 사회를 만들기 위해서는 치매를 직접 겪고 있는 당사자만이 깨달은 점과 시행착오를 바탕으로, 더 나은 삶에 필요한 의료·돌봄·사회의 모습이 무엇인지 반드시 당사자 자신이 제안해야 한다. 또한 긍정적으로 살아가는 모습을 보여주는 것 자체가 편견을 지워나가는 동력이 될 것이다.

자기 자신, 그리고 미래 사회에 대해 진지하게 생각하고 주장을 펼 수 있는 치매 당사자가 있다. 개개인의 목소리는 작아도 치매 당사자들이 의견을 모아 더 좋은 사회로 나아가기 위한 건설적인 제안을 하자는 바람으로 치매워킹그룹을 결성했다.

우리는 목소리를 높이고 싶어도 그러지 못하는 전국의 많은 치매 당사자를 대변하고자 한다.

일본 치매워킹그룹의 목표

- 전국 각 지역 치매 당사자의 의견을 대변
- 치매 당사자와 관련된 정책, 정책 제안과 후속 조치 모니터링
- 사회의 인식 개선, 편견·차별 해소
- 치매 당사자가 살아갈 희망과 힘 강화
- 치매 당사자가 보다 잘 살아가기 위한 조기 진단, 양질의 진단 후 지원 방식 제안·전국에 보급

- 치매 당사자가 발병 이후의 삶을 보다 잘 살아갈 수 있도록 좋은 이해자·지원자로서 의료·돌봄 및 다양한 전문직, 지역 주민 확대

활동 내용

- 「일본 치매워킹그룹」의 구성원을 전국에서 모집
- 전국 치매 당사자의 의견 수렴, 논의 및 제안 정리
- 정부 등에 제안 내용을 제출
- 〈치매인기본법〉 제안
- 국가, 지방자치단체 정책 등의 기획·입안 과정에 참여, 경과 확인
- 치매 당사자에게 유용한 정보 제공
- 의료·돌봄·복지·법률·노동·교육 관계자 등을 대상으로 하는 활동
- 기업을 대상으로 하는 활동
- 해외의 치매 당사자와 정보 및 의견 교환, 공동 활동
- 상기 활동에 대한 폭넓은 국내 홍보

활동의 중요한 기준

- 병명이나 상태, 연령, 지역 등으로 차별하지 않고 치매 당사자 개개인을 귀하게 여긴다
- 누구나 의견을 제시할 수 있고, 서로의 의견에 귀 기울인다
- 비판뿐 아니라 앞을 향해 나아가는 제안을 한다
- 대립하는 것이 아니라 함께 걸어갈 동료를 확대해간다
- 무리하지 않고 각자 할 수 있는 일을 한다
- 즐겁게, 유머를 잃지 않고 활동한다
- 우리의 제안이 우리가 생활하는 지역에서 실현될 때까지 포기하지 않고 계속해서 행동한다
- 희망을 잃지 않는다

치매워킹그룹을 발족한 우리는 10월 23일에 관련 부처의 장관과 면담하고, 다음과 같은 문서로 요청 사항을 전달했다.

기억하지 못해도 여전히, 나는 나

치매 정책 추진을 위한 치매 당사자의 제안

_희망과 존엄을 유지하며 살아가는 사회의 실현을 향해

우리는 치매 진단을 받은 치매 당사자입니다.

치매에 걸린 후 매일 무수한 불안과 삶의 고통 속에서 살고 있지만 인생을 포기하지 않고 '치매에 걸려도 희망과 존엄을 유지하며 생활하기' '치매 당사자와 사회 구성원이 더불어 잘 살 수 있는 사회 만들기'를 실현하고자 뜻이 같은 당사자들이 모여 「일본 치매워킹그룹」을 설립했습니다. 이 단체는 치매에 걸린 사람으로만 구성된, 국내 최초의 치매 당사자단체입니다. 해외에서 먼저 설립된 치매 당사자단체 및 국내 치매 관련단체와 협력해 활동해나가고 있습니다.

정부에서 '치매에 걸려도 당사자의 의사가 존중되고, 익숙한 지역의 좋은 환경에서 계속 생활할 수 있는 사회'의 실현을 목표로 정책을 추진하고 있어 당사자로서는 매우 든든합니다. 또 '치매 당사자의 의사 존중'을 치매 정책 방향의 원칙으로 내걸고 있다는 것에 진심으로 감사합니다.

향후 정부의 치매 정책이 치매 당사자가 살고 있는 전국 모든 지역에서 전개되고, '치매에 걸려도 희망과 존엄을 유지하며 살아가는 사회'가 하루빨리 실현될 수 있도록 다음 세 가지를 제안합니다.

1. 치매 정책 등 계획과 평가에 치매 당사자의 참여 기회 확보

어떤 정책이나 지원이 실제로 도움이 되는지, 효과가 좋은지 구체적으로 알고 있는 사람은 치매를 직접 경험하고 있는 당사자입니다. 정부와 기초자치단체의 정책 또는 사업 계획의 수립, 수정에 치매 당사자의 참여가 가능하다면 정책의 추진에 기여할 수 있습니다.

2. 치매 초기 사각지대 해결을 위해 당사자의 경험과 의견 수렴

치매라는 긴 여정에서 당사자가 희망을 안고 살아가려면 발병 초기에 의료·돌봄 등 전문직의 이해와 지원이 반드시 필요합니다. 그러나 실제로는 치매 초기의 이해나 지원이 없는 사각지대가 심각한 문제입니다. 이를 신속히 해결하기 위해 본인의 구체적인 경험과 의견을 수집해야 합니다.

3. 치매 당사자가 희망을 안고 살아가며 사회에 의견을 전하는 캠페인

사회 구성원, 그리고 의료·돌봄을 제공하는 사람들이 가진 치매에 대한 편견해소가 모든 정책의 출발점입니다. 그러려면 당사자가 앞장서서 희망을 안고 살아가는 현실과 그 가능성을 사회에 전달하는 새로운 캠페인이 필요합니다.

정부에서는 '희망과 존엄을 유지하며 살아가는 사회를 만들기 위해 함께 노력해나가자'고 했습니다. 우리의 목소리에 귀 기울여 반드시 그러한 사회를 실현해주시기 바랍니다.

우리는 앞으로도 치매 당사자의 목소리를 적극적으로 전달하겠습니다.

2014년 10월, 정부에 우리의 요청을 전달했다.

제4장

내가 정말 하고 싶은 말

치매에 걸린 당신에게

- '나, 혹시 치매인가?' 걱정되는 사람
- 치매 진단을 받고, 어떻게 살아야 할지 앞이 깜깜한 사람
- 치매로 인한 불편함과 스트레스로 힘든 사람
- 다른 사람의 도움이 있어야 생활할 수 있는 사람

지금 치매에 걸렸거나 치매를 두려워하는 많은 사람이 이런 걱정과 고민의 시간을 보내고 있을 것입니다. 하지만 걱정으로 보내기엔 우리에게 너무 많은 날이 남아 있습니다. 우리는 앞으로도 이웃과 더불어 지금보다 더 값지게 보낼 수 있습니다. 그래야 합니다.

사라져가는 능력에 괴로워하고 슬퍼하기보다 남아 있는 자신의 능력을 믿어보세요.

치매에 걸려도 즐거울 수 있습니다. 반드시 보람 있는 삶을 살아갈 수 있습니다.

이제 절망은 멈추고, 희망을 가져봅시다.

점점 할 수 없는 일이 많아진다 해도 '나는 여전히 나'입니다. 내가 병에 걸렸다고 다른 사람을 더 신경 쓸 필요도 없고, 타인과 비교할 필요도 없습니다. 그냥 내가 좋아하는 일을 하면 되는 겁니다.

힘들 때는 혼자 애쓰지 말고 같은 병을 가진 사람들과 함께 어울리며 살아가면 됩니다. 주위에서 치매 당사자를 만나기 어렵다면 치매 당사자 모임에 연락하세요.

그리고 조금만 용기를 내봅시다.

내가 느끼는 것, 내가 생각하는 것을 가족과 주변 이웃들에게 이야기합시다. 치매에 걸린 당사자가 마음을 담아 하는 이야기만이 주변의 오해와 편견을 줄이고 세상을 바꿀 수 있습니다.

치매에 걸렸다고 절대 인생을 포기할 이유가 없습니다.

나 역시, 포기하지 않을 겁니다.

치매에 걸렸다고 절대 인생을 포기할 이유가 없습니다.

나 역시, 포기하지 않을 겁니다.

환자의 가족에게

치매에 걸린 당사자의 의견과 상관없이 모든 일이 가족 뜻대로 결정될 때가 있습니다.

하지만 치매 당사자는 아무 생각도 못 하는 것이 아닙니다. 빠르게 판단하고 금방 말로 표현하지 못할 뿐이지요.

기억장애 때문에 같은 말을 몇 번이고 반복하고 자꾸 똑같은 질문을 하지만, 그래도 꼭 당사자의 말을 들어주기 바랍니다.

치매 당사자는 모든 일상생활에서 가족의 도움을 받아야 한다는 것이 부담스럽고 마음이 무겁습니다. 그러니 혹시 당사자가 할 수 있는 집안일이 있다면 작은 역할을 맡겨주기 바랍니다. 그러면 자신도 누군가에게 도움이 되는 존재라는 것을 느끼고 자신감을 얻습니다.

아무것도 하지 않으면 증상은 빠르게 악화됩니다. 하지만 할 수 있는 일을 조금씩이라도 계속해나가면 병의 진행은 더뎌지고, 증상이 완화되는 효과가 있습니다.

치매 당사자는 모든 일상생활에서

가족의 도움을 받아야 한다는 것이 부담스럽고 마음이 무겁습니다.

치매 당사자는 자신을 돌보다가 가족이 지치는 것을

결코 원하지 않습니다.

치매 당사자는 자신을 돌보다가 가족이 지치는 것을 결코 원하지 않습니다.

단기보호서비스(일시적으로 보호가 필요한 노인이 생활시설에 단기간 입소해 보호받는 서비스이다_역주) 같은 지역 내 자원을 잘 활용해 반드시 가족 본인을 위한 시간을 보내기를 바랍니다.

치매 환자를 돌보는 방법에 대해 이런저런 정보가 많지만 치매는 사람마다 증상이 달라서 하나의 정답만 있는 것은 아닙니다. 다른 사람들의 의견은 어디까지나 참고할 정보일 뿐이죠. 그대로 되지 않는다고 자책하거나 괴로워할 필요도 없습니다.

치매라는 병으로 인해 당사자뿐만 아니라 가족까지도 사회로부터 고립되기 쉽습니다.

환자를 걱정하는 마음에 혼자 두지 못하고, 자신의 일상을 포기하는 가족도 많지요. 자신과 같은 상황에 놓인 사람들의 모임이 있다면 꼭 참석해보세요. 많은 고민을 함께 나눌 수 있습니다.

환자를 보는 의사에게

치매 당사자에게 의사의 말 한마디가 미치는 영향은 정말 큽니다.

"병명은 무엇이다. 예후는 통계적으로 어떻다"라는 식의 정보를 전달하는 말조차 환자에게는 스스로 진단하거나 쉽게 절망하게 만드는 명령이 됩니다.

나 역시 마음의 준비도 되지 않은 상태에서 갑자기 알츠하이머형 치매라고 진단받았을 때 머릿속이 새하얘지는 느낌이었습니다. 엄청난 충격이었지요.

그러니 부디 환자에게 병명을 알릴 때는 단계적으로 설명해주는 배려가 있으면 좋겠습니다. 그리고 질병의 예후는 개인마다 다르다는 사실도 꼭 알려주면 좋겠습니다.

여기에 질병에 걸렸어도 긍정적으로 살아갈 수 있다는 격려까지 해준다면 더없이 고마울 것입니다.

우리가 원하는 것은 병을 낫게 해주는 것도, 문제를 해결해주는 것도 아닙니다. 나의 문제를 함께 걱정해주는 의사가 곁에 있다는 안심입니다.

그리고 살고 있는 지역이나 가까운 곳에 편하게 상담할 수 있는 기관을 소개받는다면 치매 당사자로서 알아야 할 일을 준비할 수 있을 것입니다.

우리는 이제 막 치매라는 병을 진단받은 사람들입니다. 이른바 국가나 지역사회에서 치매 환자에게 어떤 지원을 하는지 전혀 모르고 있습니다. 진료를 받을 때마다 진료한 내용과 치료 내용을 본인에게도 이해하기 쉽게 설명해주기 바랍니다.

의사 앞에 환자 본인이 있는데도 보호자에게만 이야기하는 의사도 있습니다. 보호자가 아닌 환자 본인에게 먼저 설명해주기 바랍니다.

진찰이나 치료 내용을 서류나 메일로 받을 수 있다면 큰 도움이 될 것입니다. 진료실에서 의사가 한 말이나 지시 사항을 잊어버리더라도 언제든 확인할 수 있어서 마음이 놓입니다.

여러 진료과를 돌아다니며 진찰받아야 할 때에도 의사의 진단 내용을 서류로 갖고 있으면 안심이 됩니다.

의사가 치매 이외의 의료에 관한 정보도 제공해주었으면 하는 바람도 있습니다. '진단하고 약 처방했으니 끝'이 아니라, 우리의 이야기를 들어주고 일상생활에서 도움이 되는 조언을 해준다면 더없이 고마울 것입니다.

의료진과 돌봄 담당자에게

환자를 돌봐주는 의료진과 돌봄 담당자에게는 다음과 같은 일은 '하지 말라'고 부탁하고 싶습니다.

- 속이거나 거짓말하는 것
- 당사자도 할 수 있는 일을 대신 해버리는 것
- 아주 어린 아이 정도의 능력을 가진 사람으로 취급하는 것
- 자신의 권위나 위협으로 걱정을 시키거나 불안하게 만드는 것
- 정상이 아닌 사람으로 낙인찍는 것
- 이유 없이 나무라거나 어떤 일을 했는지 안 했는지에 대해 추궁하는 것
- 이해할 수 없도록 너무 빠르게 이야기하거나 복잡하게 이야기하는 것
- 좀 이상한 행동을 했다고 따돌리거나 쫓아내는 것
- 당사자의 기분을 세심히 살피지 않고 무시하는 것
- 당사자를 감정을 가진 살아 있는 사람이 아닌 물건이나 동

물처럼 다루는 것

_톰 킷우드·크리스틴 브라이든의 《치매 돌봄에서 꼭 알아두어야 할 일》에서 발췌.

이런 행동은 당사자에게 상처를 주고 살아갈 희망을 빼앗아버립니다.

대부분의 치매 당사자는 예전의 내가 그랬듯이, 점점 능력을 잃어가는 자신에 절망하고, 어쩔 수 없이 계속해서 부정적인 생각만 하게 됩니다. 그럴 때는 본인이 할 수 있는 일을 찾아서 스스로 하도록 도와야 합니다.

그리고 치매 당사자가 즐겁고 긍정적으로 삶을 살아가는 데 도움이 되는 화제와 아이디어를 제공해주면 좋겠습니다.

치매 당사자가 자신감을 가지고, 삶의 보람을 느끼며 살아가기 위해서는 의료진과 돌봄 담당자들의 이해와 도움이 절실히 필요합니다.

기억하지 못해도 여전히, 나는 나

지역사회와 이웃에게

치매를 앓고 있는 사람을 자신과 다른 사람이라고 생각하지 말아 주었으면 합니다. 그냥 함께 살아가는 이웃이라고 생각해주길 바랍니다.

치매 환자는 아무것도 모르는 사람이 아닙니다. 열등한 사람도 아니며, 불쌍한 사람도 아닙니다.

우리도 활기차게 잘 살고 싶은 평범한 사람들입니다.

시설이나 병원에 갇혀 지내는 것은 싫습니다. 시내에서 쇼핑하고 카페에서 수다 떨면서 치매에 걸리기 전과 똑같이 살아가고 싶습니다.

그러니 치매라는 병을 정확하게 이해해주었으면 합니다.

치매 환자는 무언가를 하려면 시간이 걸리고, 실수도 많이 합니다. 그럴 때에도 그저 따뜻하게 지켜봐주세요.

가까운 곳에 우리를 도와주는 사람들이 있다면 마음이 든든해집니다.

어딘가 외출할 때 함께 가주는 사람이 있다면 말이죠. 그저 같

우리도 활기차게 잘 살고 싶은 평범한 사람들입니다.

시설이나 병원에 갇혀 지내는 것은 싫습니다.

시내에서 쇼핑하고 카페에서 수다를 떨면서

치매에 걸리기 전과 똑같이 살아가고 싶습니다.

이 있어주는 것으로 충분합니다. 우리는 무엇을 하든 불안하기 때문에 누군가 함께 있다는 사실만으로도 마음이 놓입니다.

보통 치매 환자에게 '배회'라는 단어를 자주 사용합니다. 그러나 '배회'라는 말은 사용하지 않았으면 합니다('배회'의 사전적 의미는 '아무 목적도 없이 어떤 곳을 중심으로 어슬렁거리며 이리저리 돌아다니는 것'으로, 이 용어가 편견을 불러일으킬 수 있으므로 사용하지 말자는 뜻. 일본에서는 '배회' 사용 금지 운동을 하고 있다_역주). 우리도 지역과 사회의 일원입니다. 그러니 모두와 똑같은 이웃으로 생각해주기를 바랍니다.

오직 효율만을 우선시하는 사회가 아니라 고령자와 장애인, 약자도 함께 살기 좋은 사회를 원합니다. 그리고 주변의 한 사람 한 사람에게 손을 내밀어주기를 바랍니다.

현재 450만 명에 이르는 치매 당사자(2021년 기준 우리나라의 65세 이상 치매 환자는 88만 명이다_역주)가 삶의 희망을 품고 살아갈 수 있도록 함께 고민하고 노력해주기를 바랍니다.

정부에

'치매에 걸리면 아무것도 모른다' '아무 일도 할 수 없다'는 편견은 치매 당사자가 자신의 능력을 믿지 못하게 하고, 삶의 희망을 빼앗아버립니다.

정부가 이런 편견을 없애려는 노력을 해주기를 원합니다.

현재 치매를 조기에 진단할 수 있는 검사와 통로는 많아졌지만, 조기 진단 이후의 지원 시스템이 많이 부족합니다.

우선 치매 초기라는 진단을 받으면 '스스로 살아갈 수 있는' 상태라는 판단 때문인지 치매 환자에게 필요한 서비스를 받을 수 없습니다.

어떻게든 스스로 살아가기 위해 노력할수록 제도의 혜택으로부터 점점 더 멀어지는 지금의 시스템은 너무나 불합리합니다.

또한 지역에 따른 지원의 격차도 큽니다. 같은 치매 환자인데도 이용할 수 있는 제도나 서비스가 지역마다 다른 점은 개선해야 할 것으로 보입니다.

각 기관의 행정 담당자 중에는 담당자라는 이유로 자신이 치매에 대해 잘 안다며 '치매 환자는 이럴 거야'라고 멋대로 생각하고 일을 처리하는 사람이 있습니다.

하지만 그렇게 잘 알고 있는 사람이라도 먼저 우리의 이야기를 들어주었으면 합니다.

제도란 당사자가 이 사회 안에서 힘을 내어 살아가도록 돕기 위해 만든 것입니다. 결코 행정이나 돌봄 담당자를 위한 제도여서는 안 됩니다.

'치매 환자는 어떤 점이 불안하고, 어떤 도움을 필요로 할까?'

이 답은 오직 치매에 걸린 당사자만이 알 수 있습니다.

그러니 정책을 만드는 사람이라면 누구보다도 치매 당사자를 이해해야 합니다. 치매 환자는 모두 똑같다고 한 덩어리로 묶어서 생각하지 말았으면 합니다. 개인의 특성을 중시하고 당사자의 의견과 제안에 귀 기울여주기 바랍니다.

그러니 제발 우리의 의견을 배제한 채 정책을 결정하는 일은 없었으면 합니다.

모든 사람에게

치매에 걸리고 싶어서 걸리는 사람은 없습니다.

치매에 걸리고 나니, 나의 모든 생활이 변했고, 더 나아가 인생이 변했습니다. 치매에 걸린 것은 안타까운 일이지만, 그렇다고 결코 불행해지는 것은 아닙니다.

치매에 걸리고 할 수 없는 일이 많아졌지만, 여전히 할 수 있는 일도 많습니다.

치매 당사자는 아무 생각도 못 하는 사람이 아니라 풍부한 정신 활동이 가능한 사람입니다.

치매 당사자는 치료해주고 돌봐야 하는 대상이 아니라, 모든 순간이 소중한 자신의 인생을 살아가는 주인공입니다.

치매 당사자는 자신의 능력으로 할 수 있는 취미 활동, 봉사 활동, 직업 등을 통해서 사회에 공헌하는 사회 구성원입니다.

치매 환자는 사회의 짐스러운 존재가 결코 아닙니다. 나이가 들고 혼자서는 일상생활을 하기 어렵지만, 그래도 당당하게 자신만의 삶을 살아갈 새로운 세상을 열어가는 사람들입니다.

치매에 걸리고 싶어서 걸리는 사람은 없습니다.

치매에 걸린 것은 안타까운 일이지만,

그렇다고 결코 불행해지는 것은 아닙니다.

지금 치매와 함께 살아가는 수많은 사람, 그리고 앞으로 치매에 걸릴지도 모를 무수한 사람을 위해 치매에 걸려도 행복하게 살 수 있는 사회를 함께 만들어갑시다.

인간의 가치는 '이런 일을 할 수 있다' '저런 것을 할 수 있다'라는 효율성만으로 결정되는 것이 아닙니다. 비록 아무것도 못 하는 사람이라도 존재만으로도 소중합니다.

그러니 나는 앞으로도 사회를 향해 치매 당사자의 생각을 전하는 일을 계속할 것입니다.

에필로그

처음 치매라고 진단받았을 때 지금까지 나를 지탱해온 모든 가치관이 큰 소리를 내며 무너져버렸다.

절망을 딛고 다시 일어서기 위해서는 새로운 가치관을 만들어야 했다. 한번 삶의 기반을 잃은 사람이 새롭게 삶의 의미를 찾기까지는 많은 시간이 필요하다.

나에게 그 시간을 이겨낼 힘을 준 것은 《성경》의 한 구절이었다.

사람이 감당할 시험 밖에는 너희가 당한 것이 없나니. 오직 하나님은 미쁘사 너희가 감당하지 못할 시험당함을 허락하지 아니하시고 시험당할 즈음에 또한 피할 길을 내사 너희로 능히 감당하게 하시느니라.

_고린도전서 10장 13절

나는 계속되는 고통 속에서 몸부림치면서 깨달았다. 열정을 갖고 삶을 살아간다는 것이 얼마나 대단한 일인지.

다른 사람에게는 별 볼일 없이 보이는 삶이라도 본인이 열정을 쏟고 있다면 그걸로 충분하다.

당연한 말이지만 사람마다 사는 방식은 다르다. 그리고 사람마다 다르기에 더 가치가 있다.

우리의 가치는 '이런 일을 할 수 있다' '저런 것을 할 수 있다'라는 효율성만으로 결정되는 것이 아니다. 만약 효율성만으로 삶의 가치가 결정된다면 삶은 그야말로 절망적이다. 사람은 나이가 들수록 할 수 있는 일이 점점 줄어드니 말이다.

사람은 할 수 있는 일이 없어도 그 자체만으로도 소중하다. 비록 다른 사람을 도울 수 없는 상태여도 스스로가 귀한 존재라는 사실은 잊지 않기를 바란다.

잃어버린 능력을 슬퍼하지 말고, 남아 있는 능력에 감사하며 최대한 활용하자.

실패를 두려워하지 말고, 자신의 무한한 가능성을 믿으며 살아가기 바란다.

마지막으로 이 책을 출간하기까지 많은 도움을 주신 치매개호연구·연수 도쿄센터의 나가타 구미코 씨와 오쓰기쇼텐 편집부의 니시 히로다카 씨에게 감사드린다.

사토 마사히코

기억하지 못해도 여전히, 나는 나

치매와 함께 살아가는
'있는 그대로'의 이야기

나가타 구미코
치매개호연구 · 연수 도쿄센터

이 책은 사토 마사히코 씨가 처음 치매의 징후를 느끼기 시작한 후, 10년에 걸쳐서 일상을 기록한 방대한 양의 메모와 강연, 취재를 준비하며 작성한 자료, 그리고 그때마다 이야기한 내용을 모두 모아서 만들었습니다. 한 권의 책으로 완성하기 위해 그가 쓴 문장을 중심으로 오탈자를 수정하고 중복된 내용을 정리하는 작업이 추가되었지만, 모든 내용은 사토 씨가 직접 생각하고 표현한 '사실 그대로'입니다.

얼핏 보기에는 담담하고 편안하게 써 내려간 글처럼 보이지만, 사토 씨에게는 금방이라도 사라질 것 같은 기억을 어떻게든 붙잡기 위해 매일매일 생각나는 대로, 그리고 필사적으로 한 줄 한 줄 써나간 혼신의 조각들을 모아놓은 원고입니다. 마치 직소 퍼즐의 조각을 맞추듯 기억의 조각을 맞추는 작업을 몇 번이고 반복한 끝에 마침내 사토 씨의 '인생 그림'과 같은 한 권의 책을 완성할 수 있었습니다.

이 책을 만들면서 가장 중요하게 생각한 전제 조건은 '사실 그대로'를 표현하고, 담는 것이었습니다. 그 이유는 치매를 이겨내며 살아가는 당사자가 어떤 일을 겪고, 어떤 생각을 하며, 어떻게 살아가고 있는지를 제대로 전하기 위해서입니다. 치매를 겪어보지 못한 사람이 각색한 것이 아닌, 당사자가 말하는 일상의 진실과 생생한 표현만이 치매 당사자의 심정을 있는 그대로 전할 수 있습니다. 그 마음 그대로 온전히 독자에게 전달되기를 바랐습니다.

최근에는 치매에 관한 의료와 돌봄에 관한 전문 지식, 행정서비스에 관한 정보와 책이 많습니다.

하지만 정작 자신이 치매에 걸린다면 어떤 일이 일어나는지, 치매에 걸린 후에도 계속 이어지는 기나긴 삶의 날들을 어떻게 지내야 하는지, 그리고 조금이라도 편리하고 안전하게 살기 위해 어떤 지원이 필요한지 경험자가 들려주는 당사자의 생생한 목소리는 찾을 수 없습니다.

나에게 무슨 일이 일어나고 무엇이 필요하며, 어떤 일이 가능한지는 직접 경험해본 사람만이 알 수 있습니다. 그리고 치매에 걸린 채로 살아가는 사람 수만큼의 다양한 정보와 진실이 있습니다. 사람마다 필요한 것도, 가능한 일도 가지각색입니다.

이 책은 사토 마사히코라는 한 사람이 표현한 '사실 그대로'의 이야기에 지나지 않을 수 있습니다. 하지만 치매 당사자로 살아간다는 것, 그리고 치매에 걸렸어도 이를 극복하고 인간다운 삶을 살 수 있다는 가능성을 이야기합니다. 그리고 그 가능성을 깨닫게 해주는 무수한 실마리를 담고 있습니다.

치매 당사자의 생생한 경험을 듣다

치매에 걸리면 기억장애, 판단력장애 그리고 시간과 장소, 상대 등 현재 자신이 놓여 있는 상황을 올바르게 인식하는 능력, 즉 지남력指南力 저하 같은 다양한 증상이 나타난다고 알려져 있습니다. 다른 사람에게는 기억장애, 지남력장애라는 말로 설명되는 증상이 치매에 걸린 당사자에게는 어떤 느낌이나 경험으로 다가올까요?

저자는 처음 증상이 나타난 치매 초기부터 현재에 이르기까지, 일상의 경험을 구체적으로 기록해왔습니다. 이 책에도 그 내용이 사실 그대로 정확하게 담겨 있습니다.

회사에서 근무하던 때 처음 나타나기 시작한 기억장애와 장소를 혼동하는 증상으로 병원을 찾았을 때 의사는 이상이 없다는 진단을 내릴 정도로 가벼운 수준이었습니다. 하지만 그 단계에서도 본인은 평온했던 일상이 혼동과 스트레스로 뒤엉킬 정도로 힘들었고, '너무나 지쳐버릴 정도'로 몸과 마음이 심각한 상태가 되었습니다.

이 책에서 가장 주목할 점은 저자가 기억장애와 함께 살아가는 생활이 어떤지를 한 장면 한 장면 생생하게 표현하고 있다는 점입니다. 아침에 일어나 잠들 때까지 하루 종일 치매와 싸우면서 어떻게든 자신만의 생활을 유지하기 위해 필사적으로 살아내는 것, 남들에게는 아주 사소하게 보이는 일조차 치매에 걸린 사람에게는 엄청난 에너지를 필요로 한다는 것, 그리고 그런 자신을 이해해주는 사람이 있다는 것이 일상의 편안함과 심신 안정에 얼마나 큰 영향을 미치는지에 대해 있는 그대로 전합니다.

최근 우리 사회는 '치매를 이해해야 한다'는 방향으로 치매를 바라보는 시선이 바뀌고 있습니다. 하지만 당사자가 원하는 것은 눈에 보이는 증상만 이해하는 데 그치는 것이 아니라 증상이 나타나면 본인이 어떤 일을 겪게 되는지, 앞으로 어떻게 살아가야 하는지 등 앞서 겪은 사람들의 생생한 경험입니다. 당사자를 진심으로 이해하기 위해서는 당사자의 이야기를 직접 듣는 것이 가장 중요하기 때문이지요. 저자는 그 당사자로서 경험을 생생하게 들려줍니다.

혼자 살아가는 법을 찾다

사토 마사히코 씨는 점점 사라져가는 기억과 치열하게 싸우며 스스로의 힘으로 살아가기 위해 노력합니다. 그런 그에게 일상을 살아가기 위해 필요한 것이 바로 매일매일의 세세한 기록이었습니다.

기록은 아침에 눈뜨는 순간부터 식사를 하고, 약을 먹고 외출하는, 자신만의 방법으로 일상을 보내기 위한 한 걸음 한 걸음을 잊지 않기 위한 수단이었습니다. 그는 꼭 기억해야 할 것들을 하나하나 기록하면서 기억의 틈새를 채워나가는 방법을 생각해냈습니다.

예를 들면, 마트에 가기 전에는 집에 남아 있는 물건을 또 사지 않도록 '사지 말아야 할 물건 목록'을 작성하는 식입니다.

이런 방법들은 오직 당사자의 경험을 통해서만 찾아낼 수 있는 것이지요. 그리고 똑같은 어려움을 안고 있는 치매 당사자에게는 콜럼버스의 달걀처럼 기발한 발상이면서 정말 도움이 되는 방법입니다. 아직 치매에 걸리지는 않았지만 자신의 기억이 불안해지기 시작하는 고령자에게도 도움이 되는 유니버설 디자인(장애 유무와 상관없이 누구나 손쉽게 사용할 수 있는 제품이나 사용 환경을 만드는 디자인_역주)이라고도 할 수 있습니다.

사토 마사히코 씨가 쌓아 올린 섬세한 일상의 기록은 결과적으로 이제껏 잘 알려지지 않은 치매 당사자의 생활을 있는 그대로 세상에 보여주는 계기가 되었습니다.

그의 기록을 보면 '나는 이런 것을 점점 모르는 상태가 되었고, 당연하게 하던 일을 할 수 없게 되어 불편해졌다'는 식으로 자신의 눈으로 확인한 이유, 불편한 내용 등을 구체적으로 알려주는 내용이 많습니다. 이러한 기록은 치매 당사자의 가려운 곳을 긁어주고 싶은 보호자나 지원자들에게도 귀중한 단서가 됩니다. 이 글을 쓰고 있는 나 자신도 원고를 보면서 어느새 지원자의 시선으로 치매 환자를 바라보게 되었습니다.

저자가 이 책을 통해 전하고 싶은 이야기는 무엇일까요?

"치매 환자를 도와야 한다는 안타까움이나 섣부른 지원보다 먼저 지금 당사자가 겪고 있는 상황을 구체적으로 알려주고 싶습니다. 나는 아무것도 모르고, 아무것도 할 수 없는 상태가 아닙니다. 일부의 기억이 사라지면서 할 수 없는 것이 생겼으니, 빠진

부분을 채워준다면 아직 스스로 할 수 있는 것이 많습니다"는 사실입니다.

기억을 채워주는 도구를 쓰다

사토 마사히코 씨는 증상이 나타난 초기부터 손으로 글씨를 쓰는 것이 힘들어졌다고 합니다. 글씨를 쓸 수 없게 된 그는 치매 증상이 나타나기 전에도 익숙하게 사용하던 컴퓨터를 더욱 적극적으로 활용하는 것은 물론, 치매에 걸린 이후 오히려 휴대전화의 문자 기능이나 태블릿 PC 조작법을 배워갑니다. 치매에 걸린 상태라도 일상에 필요한 것을 반복해서 알려주거나, 문제가 생겼을 때 도움을 주는 사람이 주변에 있다면 처음 마주하는 IT 기기도 충분히 익힐 수 있다는 사실을 알려주는 사례이지요.

그렇게 IT 기기를 이용해서 매일 '생활의 기억'을 기록하고 보존하는 것이 그의 새로운 생활 습관이 되었습니다. IT 기기는 사라져가는 기억의 부분을 채워주는 외장형 두뇌 역할을 하며 그의 생활을 강력하게 지지해주었습니다.

저자가 치매 진단을 받은 초기부터 가장 불안해한 것은 '깜빡깜빡하고 잊어버리는 증상'이었습니다. 하지만 컴퓨터와 같은 IT 기기에 기록하면서 가장 끈질겼던 불안으로부터 해방되기 시작합니다. 잊어버릴지도 모른다는 불안에서 해방되어 안정을 되찾고, 편안한 일상을 보낼 수 있다는 자신감을 얻게 됩니다.

또한 IT 기기에 기록을 저장하고, 인생의 중요한 장면마다 자신에게 무슨 일이 있었는지 확인하면서 시간의 변화 그리고 세상의 변화를 지금도 잘 따라가고 있습니다. 덕분에 기억을 회상하거나 다른 사람과 과거 이야기를 할 때도 큰 도움이 됩니다.

또한 그 기록은 자신이 살아온 인생이, 사라져가는 공백이 아니라 진짜로 존재했던 것이라는 걸 실감하게 해줍니다.

IT 기기는 또한 사회 구성원으로 살아가는 데 필요한 정보나 사회 및 다른 사람과 이어주는, 생활에서 없어서는 안 되는 중요한 도구가 되었습니다. 치매 증상이 진행될수록 점점 원활한 의사소통이나 자유로운 외출이 힘들어집니다. 이렇게 점점 사회와 타인과의 관계가 위축되어가는 상황에서 IT 기기는 큰 도움이 되었습니다.

치매와 상관없이, 세상은 오히려 점점 온라인에서의 인연과 체험이 중요해지고 있습니다. 매년 인터넷을 통해 새로운 사회적 관계가 늘어나고 있지요.

사실 안타깝게도 치매 환자, 특히 글씨를 쓰지 못하게 된 사람은 컴퓨터나 휴대전화의 활용이 어렵다고 단정하는 가족이나 의사, 보호자가 많습니다. 본인이 사용하길 원치 않거나 사용하면서 스트레스를 받는 경우가 아니라면 처음부터 가능성의 싹을 자

기억하지 못해도 여전히, 나는 나

를 필요는 없습니다. 당사자가 안심하고 편리하게 생활할 수 있도록 IT 기기를 사용할 기회를 제공해야 합니다. 그런 관점에서 보면 이 책의 저자는 IT 기기가 보편화된 시대에 치매라는 질병을 마주할 세대를 위한 선구자이기도 합니다.

지금까지 치매와 관련된 기기라고 하면 당사자에게 일어난 위험을 감지하는 기기가 대부분이었습니다. 그러나 앞으로는 치매 당사자가 스스로의 힘으로 살아가면서 사회에서 고립되지 않도록 하기 위한 새로운 발상과 가치관이 필요합니다. 그리고 치매 당사자의 생활을 지원하는 새로운 기기 역시 필요할 것입니다.

그리고 이러한 기기들은 치매 환자를 위해 특별히 개발한 것일 필요도 없습니다. 대중적으로 사용하는 컴퓨터, 휴대전화, 태블릿 PC 등을 일반인처럼 잘 활용하도록 방법을 알려주는 것이 더 중요합니다.

저자에게 IT 기기 사용법을 알려준 사람들이 있었던 것처럼, 각 지역마다 치매 환자들에게 IT 기기 사용법을 가르쳐줄 청년이나 자원봉사자 등이 늘어난다면 얼마든지 가능한 일입니다. 이런 과정이 실현되면 당사자들이 기억장애나 지남력장애를 극복하고 스스로의 힘으로 살아갈 수 있습니다. 또한 자유롭게 타인과의 관계를 유지하면서 즐거운 삶을 살아갈 가능성도 커질 것입니다.

새로운 친구와 이웃을 만나다

치매에 걸리기 전에는 사용해본 적도 없는 스마트폰 같은 휴대 기기. 저자가 이런 IT 기기를 사용하기 위해 노력했던 이유는 자유롭게 외출하고 싶다는 바람 때문이었습니다.

계절이 지나면서 달라지는 풍경과 꽃들이 피고 지는 모습을 보고 싶은 마음.

편안하고 익숙한 동네 강가를 산책하고 싶은 마음.

좋아하는 가수의 콘서트에 가고 싶은 마음.

아름다운 그림을 보러 전시회에 가고 싶은 마음.

그리고 여행을 떠나고 싶은 마음.

누구나 누리는 소박한 일상을 치매에 걸렸다는 이유만으로 포기해야 할까요? 사토 마사히코 씨는 결코 포기하지 않았습니다. 새로운 일에 도전하기 위해 애쓰는 것이 아니라, 그저 해왔던 일, 일상을 계속하고 싶다는 소박한 바람을 포기하지 않았을 뿐입니다.

사실 치매라는 진단을 받은 직후에는 그 역시 자신이 치매 환자라는 사실을 받아들이는 것만으로도 머릿속이 복잡하고, 밖에 나갈 의욕도, 기운도 나지 않았습니다.

그러나 한참 동안 집 안에 틀어박혀 지내다 보니 미래에 대한 불안과 혼란은 점점 더 커지고, 우울한 마음은 깊어만 갔습니다.

그때 사토 씨는 과감히 문을 열고 밖으로 나갔습니다. 그리고 다시 산책을 시작했습니다. 밖에 나온 것만으로도 기분이 상쾌해졌습니다. 신선한 공기, 익숙한 풍경 그리고 계절에 따라 피는 꽃들이 사토 씨의 마음을 따뜻하게 어루만져주었습니다. 용기를 내다시 이웃을 만나고, 밖으로 나가기 시작하면서 점점 기운을 되찾고 마음의 안정을 얻었습니다.

가는 곳마다 새로운 인연도 조금씩 늘어났습니다. '낯선 곳에 혼자 가는 것은 위험할 거야' 하며 지레 포기하지 않고 자신에게 닥친 위기를 기회로 만들었습니다. 음악회와 미술관에 가고, 계절마다 바뀌는 풍경을 보러 공원을 찾았습니다. 자신과 취미가 같은 사람을 수소문해서 함께 가길 청하면서 한 사람 한 사람 친구를 늘려나갔습니다.

그는 치매라는 선고를 받은 뒤에도 동굴 속으로 파고들지 않았습니다. 이웃과 사회, 그리고 새로운 친구들과의 교류를 진심으로 즐기면서 자기만의 시간을 보냈습니다. 그것이 지금까지 저자가 건강하게 지낼 수 있는 중요한 조건이었습니다.

치매에 대한 편견을 뛰어넘다

이 책을 읽고 '치매에 걸려도 이렇게 살아갈 수 있구나' '나도 당당하게 살아갈 수 있어!'라고 생각하게 된다면 정말 기쁠 것입니다.

벌써 치매 진단을 받은 지 10여 년이 지난 사토 마사히코 씨는 이제 기억력과 판단력은 더욱 흐려지고, 일상의 불편함도 늘어났습니다. 그럼에도 불구하고 그는 여전히 혼자 힘으로 일상을 보내는 방법을 연구하며 하루하루를 즐겁고 보람차게 지내고 있습니다.

치매에 걸린 지 10년이나 되었지만 이렇게 혼자서 잘 살아갈 수 있다는 것은 예전엔 상상도 할 수 없는 일이었습니다. 하지만 최근에는 저자처럼 치매 발병 후에도 오랜 시간 나름대로 의사소통을 하며 혼자서 생활하는 사람이 점점 많아지고 있습니다.

이 책에서 저자가 보여주는 일상의 모습, 다시 말해 치매 당사자가 직접 보여주는 실제 생활은 치매 환자를 향한 우리 사회와 의료진, 돌봄 전문가들에게조차 뿌리 깊이 박혀 있던 치매에 대한 편견과 지식을 바꿔나가는 계기가 되었습니다.

치매 환자라고 해도 모두 각자 다양한 사고와 능력을 가지고 있습니다. 하지만 '치매니까 모를 거야' '치매니까 아무것도 못

기억하지 못해도 여전히, 나는 나

하겠지' 하는 오랜 고정관념과 편견은 있는 그대로의 당사자 모습을 모두 가려버립니다.

사토 씨는 전문가들조차 당사자를 편견의 시선으로 대하고 있다는 점을 계속해서 지적합니다. 환자를 돕겠다는 사회와 이웃의 편견이 오히려 당사자에게 상처를 입히고, 자부심과 자신감을 가지고 살아온 자신의 인생에 대한 긍지를 빼앗아버립니다. 너무나 일상적인, 강요에 가까운 편견은 치매 당사자를 상상할 수도 없는 고독과 절망으로 빠뜨리곤 합니다.

이런 분위기 속에서 당사자는 자신의 모습을 잃어버리고, 자신의 존재를 부정당하는 깊은 혼란에 빠져버립니다. 저자는 주변에 의해 자신의 존재가 불안해지고, 위기에 빠지는 일을 몇 번이나 경험합니다. 이런 혼란과 불안은 몸과 마음에 모두 지대한 영향을 미칩니다. 정신적으로 무너지는 것은 물론, 신체 안정마저 무너뜨려 단숨에 건강을 악화시킵니다.

치매라는 질병 자체로 인한 것이 아니라 주위의 시선, 특히 의료진과 돌봄 전문가의 잘못된 편견으로 당사자의 몸과 마음이 스스로 무너져버리는 일은, 있어서는 안 되는 정말로 심각한 문제입니다.

사토 씨는 다행히 이러한 심각한 사건들을 털고 일어나 나름의 삶을 살아가고 있지만, 대다수 환자는 일련의 사건들을 이겨

내지 못하고, 마치 갑자기 낭떠러지에서 떨어진 것처럼 몸과 마음이 무너져버리기도 합니다. 이럴 때 주변에서는 그저 치매라는 질병이 악화된 것으로만 치부해버립니다.

저자가 이 책에서 "나 자신의 가능성을 믿고, 주변의 편견을 없애고 싶다"라고 말하는 이유는 저자 본인이 겪은 고통스러운 체험을 다른 사람은 겪지 않기를 바라기 때문입니다.

사토 마사히코 씨가 지적하는 또 하나 중요한 사실이 있습니다. 치매에 걸린 자신조차 치매에 대한 편견을 갖고 있었다는 것입니다. 치매에 대한 사회적 편견에 익숙해져 치매 당사자가 된 스스로에 대해서도 '나는 치매에 걸렸으니 더 이상 아무것도 못하겠지' '치매니까 이런 일은 할 수 없어'라는 식으로 자신을 구속하고 있었다고 말합니다.

그는 치매 환자를 위한 가장 중요한 일은 치매에 대한 사회의 편견을 무너뜨리는 방법을 고민하는 것이라고 말합니다.

'편견을 없애기 위해서는 자신의 가능성을 믿어야 한다.'
'주변 사람들에게 나 스스로의 가능성을 알려줘야 한다.'
이러한 메시지는 점점 위축되어가는 자신에게 보내는 응원이자, 같은 상황에서 고통받는 치매 당사자들과 이 세상의 모든 사

람이 편견의 구속에서 벗어나 자유롭게 살아가길 바라는 마음이
담겨 있습니다.

당사자가 나서야 세상이 변한다

사토 씨는 이러한 바람을 실현하기 위해 치매에 걸린 후에도
포기하지 않고 '긍정적으로 인생을 살아가자'는 주제로 전국을
다니며 강연을 했습니다.

그의 강연은 치매에 걸렸다는 사실을 당당하게 밝히고 계속해
서 즐겁게 살아갈 수 있다는 것을 증명해냈습니다. 자신의 경험
과 치매 환자로서의 생활을 웃으며 전하는 사토 씨의 모습은 많
은 사람, 특히 의료진과 돌봄 전문가, 행정 담당자에게 큰 충격을
주었고 깊은 공감을 불러일으켰습니다.

한번은 사토 씨와 함께 강연을 한 적이 있었습니다. 강연을 마
치고 참가자들의 강연 후기를 봤더니 전문가이자 연구자인 내 이
야기보다는 "사토 씨의 이야기에 용기를 얻었다" "사토 씨를 보
고 자신이 얼마나 편견에 사로잡혀 있었는지 깨달았다"는 등 사
토 씨의 강연에 감동받았다는 평가가 대부분이었습니다. 전문가
인 내가 머쓱해지는 순간이었죠. 어색한 분위기에 함께 웃음을
터뜨리기도 했습니다.

세상을 바꾸려면 당사자의 이야기가 필요합니다. 치매가 아닌 사람이 아무리 강연을 다니고 인식을 바꾸자고 떠들어도 변화는 어렵습니다. 하지만 진정으로 질병을 이해하고, 체험을 바탕으로 하는 당사자의 목소리는 무엇보다도 힘이 셉니다.

주변의 시선과 편견이 무서워 치매라는 걸 숨기고 살아가는 사람이 많은 곳일수록 당사자의 상처는 깊고 고통스럽습니다. 편견이 깊고, 질병에 대한 지식이 없고, 치매에 대해 무지한 곳일수록 더더욱 당사자가 당당하게 이야기할 기회를 만들어야 합니다. 그래야 인식을 바꿀 돌파구를 찾을 수 있습니다.

치매 당사자가 이토록 당당한 목소리를 내려면 무엇보다 정부와 전문가들의 든든한 지원이 필요합니다.

처음 가보는 곳에서 전혀 모르는 사람들 앞에 서서 이야기를 한다는 것, 치매에 걸리지 않은 사람에게도 어려운 일입니다. 그러니 사토 씨에게는 우리가 상상할 수 없는 에너지가 필요합니다. 관객들에게는 아무렇지 않게 보이겠지만, 강연이 끝나고 몹시 지친 상태로 대기실로 돌아와 한동안 일어나지도 못할 정도로 쓰러져 있는 사토 씨의 모습을 종종 보았습니다. 집에 돌아가서는 며칠 동안 앓아눕기도 합니다. 게다가 "괜히 나대지 말라" "관심 끌려고 하지 말라"는 이유 없는 모함에 깊은 상처를 받기도 합니다.

기억하지 못해도 여전히, 나는 나

그럼에도 저자는 여전히 전국을 다니며 자기의 이야기를 전합니다. 치매에 대한 편견을 없애기 위해, 긍정적으로 살아가는 당사자를 이해하는 사람이 한 명이라도 더 늘었으면 하는 바람을 담은 일종의 순례입니다.

함께 살아가는 세상을 만들다

사토 씨의 이런 노력은 아주 오래전부터 싹트고 있었습니다.

처음 치매 진단을 받고 얼마 후, 그는 앞으로 자신의 삶이 너무나 불안했습니다. 어떻게 살아가야 할지 몰랐던 그는 어두운 터널을 더듬더듬 걸어가듯 작은 실마리라도 찾기 위해 노력하고 있었습니다. 그때 나와 처음 만나게 된 그가 건넨 첫마디를 아직도 기억하고 있습니다.

"치매에 걸려도 살기 좋은 세상을 함께 만들어보지 않으시겠어요?"

너무나 충격적인 말이었습니다. "나를 도와주세요"가 아니라 "살기 좋은 세상을 함께 만들어보자"라니! 그의 말에는 당사자의 절실함이 담겨 있었습니다. 그리고 그는 자신의 말대로 한 걸음 한 걸음 앞으로 내딛기 시작했습니다.

이러한 저자의 노력을 뒤에서 도와주는 중요한 존재가 또 있었습니다. 호주의 크리스틴 브라이든 씨입니다. 그녀는 1990년대 후반부터 치매 당사자로서의 경험을 이야기하고, 《나는 누가 되고 있는가?》《나는 내가 되어간다》 등을 출간하며 세계적으로 치매 당사자에 대한 편견을 깨뜨리고 국가 정책과 지원에 커다란 변화를 일으킨 주인공입니다.

치매 진단을 받고 절망의 늪에 빠져 있던 사토 씨는 그녀의 책을 우연히 만났고, 그 만남이 삶에 커다란 영향을 미쳤습니다.

치매에 걸리고, 앞으로 어떻게 살아갈 것인지 고민하며 자신의 일상을 지키려는 노력은 매우 중요합니다. 그러나 자신의 삶을 지켜내는 데 그치지 않고 같은 고통을 겪고 있는 많은 치매 당사자를 위해 세상을 바꾸고자 애쓰는 노력, 그 에너지는 더 강력한 삶의 의지가 되어주었고, 그에게 삶의 원동력이 되었습니다.

그 길을 한발 앞서 걸어간 크리스틴 브라이든 씨를 모델 삼아 사토 씨는 사회의 이해를 구하는 데 자신의 모든 에너지를 다하고 있습니다. 같은 뜻을 가진 치매 당사자들이 모여 2014년 10월에 「일본 치매워킹그룹」을 발족하기도 했습니다. 그들은 치매 당사자가 함께 잘 살 수 있는 세상을 만들고자 당사자의 목소리로 정책을 제안하고, 당사자에게 실질적인 도움이 되는 활동을 목적으로 합니다.

이 과정에서는 오래전부터 이런 활동을 활발하게 해오고 있는 스코틀랜드의 치매워킹그룹이 커다란 본보기가 되었습니다.

스코틀랜드를 포함해 세계 여러 나라의 치매 당사자들과 교류하며, 치매에 걸려도 긍정적으로 생활할 수 있는 사회를 만들고 싶다는 그의 꿈은 점점 커지고 있습니다.

가장 소중한 것을 깨닫는 기회

삶의 어느 순간, 생각지도 못한 치매라는 병에 걸렸습니다. 그리고 자신의 힘으로는 아무것도 할 수 없다는 절망의 늪에 빠졌습니다. 어디에서 빛을 찾을 수 있을까요? 그는 그저 빛이 보이기만 간절히 바라는 수밖에 없었습니다. 그런 사토 씨에게 한 줄기 빛이 되어준 것은 《성경》의 한 구절이었습니다.

사토 씨에게 흔들리지 않는 존재이자, 언제나 무조건적으로 자신을 안아주고, 살아갈 희망을 주는 하나님이 있듯이 누구에게나 삶을 살아가는 데 빛이 되어주는 중요한 '무엇'이 있습니다.

보고 싶은 사람이거나, 추억이 담긴 노래이거나, 자주 가던 산이나 정원 또는 좋아하는 음식일 수도 있습니다. 자녀들의 평온과 행복이 그 무엇이라고 말하는 사람도 있습니다.

치매에 걸린다는 것은 평소에는 관심도 없던, 인생에서 가장 중요한 그 '무엇'을 깨닫는 기회일지도 모릅니다. 치매 당사자는 아직 치매에 걸리지 않은 사람보다 한 걸음 앞서 걸으면서 '자신에게 가장 소중한 것이 무엇인지'를 삶을 통해 필사적으로 보여주는 사람입니다.

매일 다양한 일이 일어나고, 세상은 어지러울 정도로 빠르게 변하고 있습니다. 그 와중에 우리에게 소중한 것은 무엇인지 천천히 고민하려고 합니다. 때로는 비틀거리고 잠깐 넘어지더라도 사토 씨와 함께 길고 먼 길을 함께 걸어가려 합니다.

사토 씨와 모든 치매 당사자의 행복을 기원합니다.

기억하지 못해도 여전히, 나는 나

치매 관련 기관

국내 치매 관련 기관
- 국립중앙의료원 중앙치매센터 1666-0921 nid.or.kr
- 치매안심센터 1666-0921 ansim.nid.or.kr
- 치매파트너 1666-0921 partner.nid.or.kr
- 한국치매가족협회 02-431-9963 alzza.or.kr
- 대한치매학회 02-587-7462 dementia.or.kr
- 대한노인정신의학회 02-6203-2595 kagp.or.kr
- 한국치매협회 02-761-0710 silverweb.or.kr
- 국민건강보험공단 노인장기요양보험 1577-1000 longtermcare.or.kr
- 국민건강보험 건강in 1577-1000 nhis.or.kr
- 독거노인종합지원센터 1661-2129 1661-2129.or.kr
- 중앙노인보호전문기관 02-3667-1389 noinboho.or.kr

일본 치매 관련 기관
- 치매 당사자 모임 「미쓰노카이」 www.3tsu.jp
- 치매 당사자 교류 페이지 「다이조부네트」 www.dai-jobu.net
- 공익사단법인 「치매 당사자와 가족」 www.alzheimer.or.jp
- 초로기 치매가족모임 「호시노카이」 hoshinokai.org
- 초로기 치매 콜센터 y-ninchisyotel.net
- 치매 프렌드십 클럽 dfc.or.jp